DETECTIVE DE ACORDES

Ukelele

Descubra los acordes esenciales del UKELELE

Todas las tonalidades
384 Posiciones

Alejandro
Galmarini

Alejandro Galmarini
  Detective de acordes: Descubra los acordes esenciales del ukelele/
Alejandro Galmarini. - 1a ed. - Olivos : Jorge Alejandro Izuel, 2021.
  32 p. ; 29 x 21 cm.

  ISBN 978-987-86-8982-1

  1. Música. I. Título.
  CDD 787.89

Alejandro Galmarini
Detective de acordes: Descubra los acordes esenciales del ukelele/
Alejandro Galmarini. - 1a ed. - Olivos: Jorge Alejandro Izuel, 2021.
Libro digital, PDF

Archivo Digital: descarga y online
ISBN 978-987-86-9020-9

1. Música. I. Título.
CDD 787.89

La portada ha sido diseñada usando imágenes de Freepik.com

ISBN 978-987-86-8982-1
ISBN 978-987-86-9020-9

ÍNDICE

Tabla de acordes

PRÓLOGO

En este libro encontrarás las posiciones de los acordes del ukelele que es esencial conocer y tener a mano cuando tocamos.

Para que este libro sea realmente fácil de usar, elegimos mostrar sólo las posiciones de acordes de uso más frecuente, para evitar perdernos entre muchas otras que rara vez son necesarias, y hemos omitido las más cercanas a la boca del instrumento, que suelen resultar incómodas de ejecutar. También hemos elegido dos alternativas para los tipos de acordes que son más habituales.

El libro tiene un diseño muy visual y claro, donde encontrarás todas las tónicas y sus enarmonías desarrolladas por completo en dos páginas, de manera que resultará muy fácil encontrar el acorde que quieras buscar en cualquier tonalidad que necesites.

PARTES DEL UKELELE

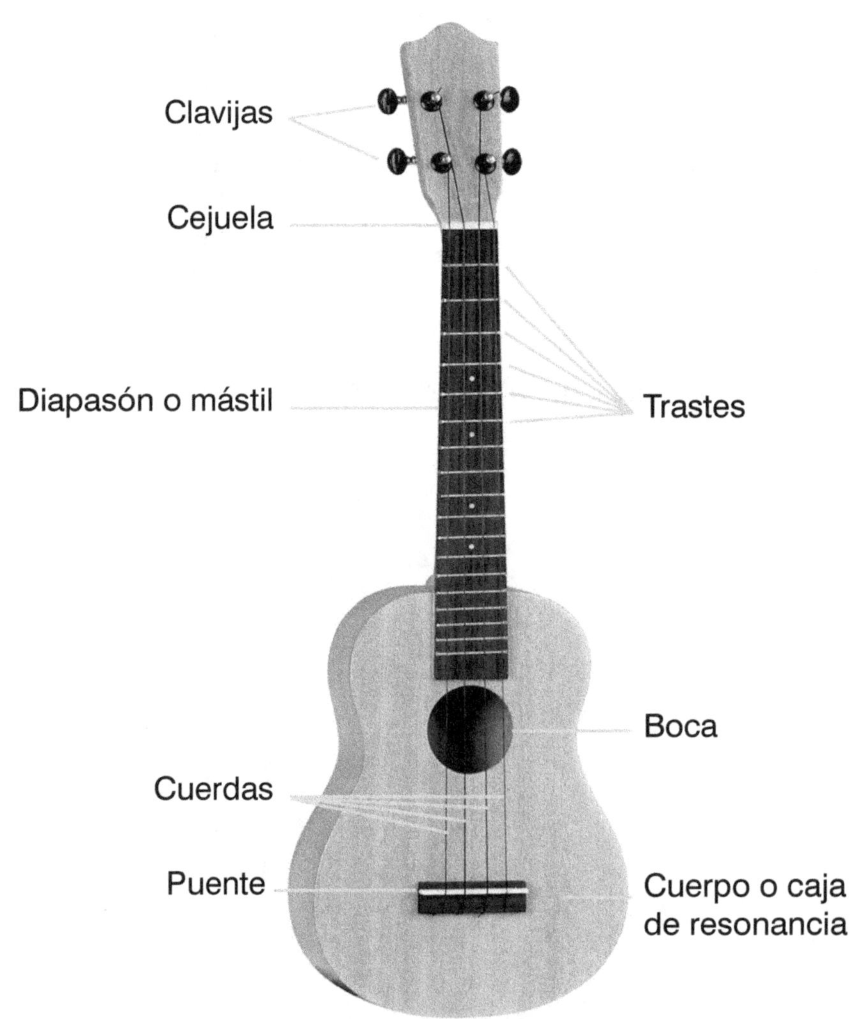

CÓMO LEER LOS GRÁFICOS

Nombre del acorde: Los acordes se encuentran nombrados con el sistema de *cifrado americano*.

Enarmonía: Un acorde puede recibir nombres diferentes de acuerdo a la tonalidad en que se encuentre una composición. Estos acordes se denominan *enarmónicos**. Para separar las dos maneras más frecuentes de nombrarlos utilizamos una barra (|).

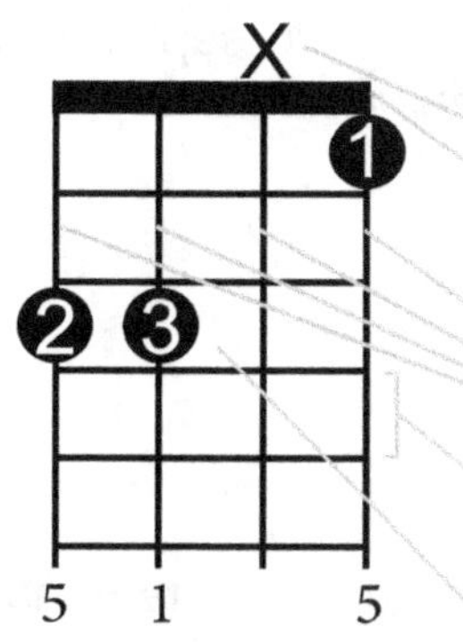

X: indica que esta cuerda no debe tocarse.

Cejuela: la línea gruesa superior representa la cejuela del ukelele.

Cuerdas: Las 4 líneas verticales representan las cuerdas del ukelele.

Trastes: Las líneas horizontales representan la división de los trastes.

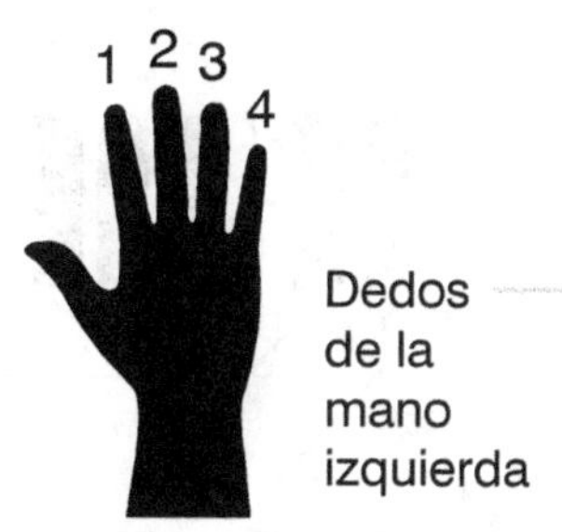

Círculo negro: Indica qué traste pisar y el **número** en su interior qué **dedo** de la mano izquierda hay que usar.

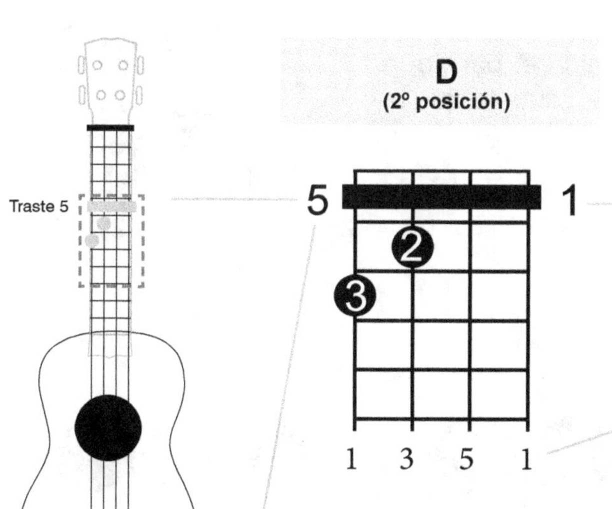

Cejilla: Una línea horizontal gruesa sobre un traste significa que el dedo 1(dedo índice de la mano izquierda) pisará dos o mas cuerdas a la vez, este recurso se llama "Cejilla".

Números al pie: indican qué función interválica dentro del acorde representa cada nota del gráfico.

Número de traste: Un número a la izquierda del gráfico índica que la posición debe construirse a partir de ese traste y no contra la cejuela del ukelele.

* Puedes profundizar más en el tema investigando sobre *armonía musical*.

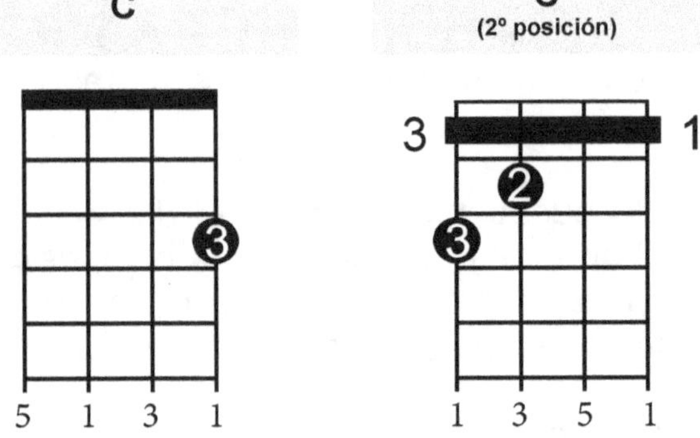

Posiciones: Un mismo acorde puede ser ejecutado utilizando diferentes posiciones de dedos, o en distintos sectores del mástil. Por eso encontrarás que para los tipos de acordes principales (Mayores, menores y con séptima) hemos elegido mostrar las dos posiciones de uso más habitual.

CÓMO AFINAR EL UKELELE

Para afinar el ukelele debemos lograr que al pulsar cada cuerda, en esta suene una determinada nota musical. Para lograrlo deberemos ajustar o desajustar las clavijas con lo que variará la tensión de la cuerda y en consuecuencia su afinación.

a   Primero afinaremos la 3º cuerda que pulsada al aire (es decir sin pisar ningún traste) debe dar la nota **C**. Para obtener el sonido correctamente afinado de la nota C, utilizaremos alguna fuente confiable como un afinador electrónico, un diapasón o algún instrumento de teclado.

b   Una vez afinada esta cuerda, ajustamos la 2º cuerda (**E**) pulsada al aire, hasta que suene igual que la 3º cuerda pisada en el traste 4.

c   Luego ajustamos la 1º cuerda (**A**), pulsada al aire, para que suene igual a la 2º cuerda pisada en el traste 5.

d   Finalmente ajustamos la 4º cuerda (**G**), pulsada al aire, para que suene igual a la 2º cuerda pisada en el traste 3. Tener en cuenta que la 4º cuerda al aire sonará más aguda que la 3º y la 2º.

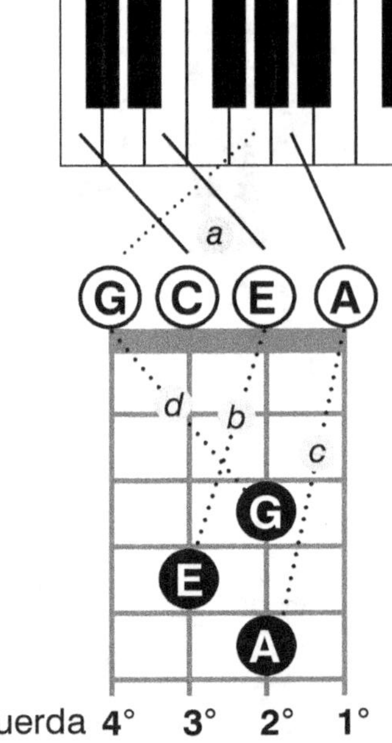

NOTAS DEL UKELELE

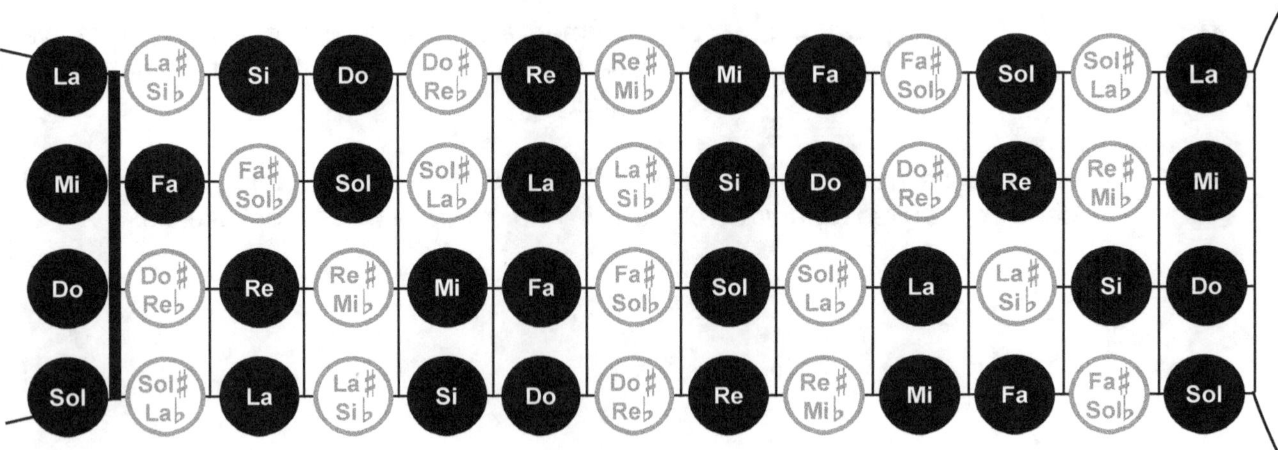

TIPOS DE ACORDES

Estos son los tipos de acordes más utilizados y presentados en este libro, con su cifrado y los intervalos que los conforman, ejemplificados a partir de la tónica C.

CIFRADO	TIPO DE ACORDE	FÓRMULA INTERVÁLICA
ACORDES TÍADA		
C	Mayor	1 - 3 - 5
Cm	menor	1 - b3 - 5
C+	aumentado	1 - 3 - #5
Cº	disminuído	1 - b3 - b5
ACORDES CON LA TERCERA MODIFICADA		
C5	Quinta (con tercera omitida (Power chord)	1 - 5
Csus2	Mayor con segunda suspendida	1 - 2 - 5
Csus4	Mayor con cuarta suspendida	1 - 4 - 5
ACORDES CON SÉPTIMA		
Cmaj7	Mayor con séptima mayor	1 - 3 - 5 - 7
C7	Mayor con séprima menor	1 - 3 - 5 - b7
Cm(maj7)	Menor con séptima mayor	1 - b3 - 5 - 7
Cm7	Menor con séptima menor	1 - b3 - 5 - b7
Cm7(b5)	Disminuido con séptima menor (semidisminuido)	1 - b3 - b5 - b7
Cº7	Disminuido con séptima disminuida (Disminuido)	1 - b3 - b5 - bb7
Cmaj7(#5)	Aumentado con sépima mayor	1 - 3 - #5 - 7
C+7	Aumentado con séptima menor	1 - 3 - #5 - b7
ACORDES TRÍADA CON TENSIONES AGREGADAS		
Cadd9	Mayor con novena agregada	1 - 3 - 5 - 9
Cm(add9)	Menor con novena agregada	1 - b3 - 5 - 9
C6	Mayor con sexta	1 - 3 - 5 - 6
Cm6	Menor con sexta	1 - b3 - 5 - 6
ACORDES CON SÉPTIMA Y TENSIONES		
Cmaj9	Mayor con séptima mayor y novena	1 - 3 - 5 - 7 - 9
C9	Mayor con séptima menor y novena	1 - 3 - 5 - b7 - 9
Cm9	Menor con séptima menor y novena	1 - b3 - 5 - b7 - 9
C11	Mayor con séptima menor, novena y oncena	1 - (3) - 5 - b7 - 9 - 11
Cm11	Menor con séptima menor, novena y oncena	1 - b3 - 5 - b7 - 9 - 11
C13	Mayor con séptima menor, novena, oncena y trecena	1 - 3 - 5 - b7 - 9 - (11) - 13
C7sus4	Mayor con cuarta suspendida y séptima menor	1 - 4 - 5 - b7
C7(b5)	Mayor con quinta disminuida y séptima menor	1 - 3 - b5 - b7
C7(b9)	Mayor con séptima menor y novena menor	1 - 3 - 5 - b7 - b9
C7(#9)	Mayor con séptima menor y novena aumentada	1 - 3 - 5 - b7 - #9

( ) Las notas entre parentesis pueden omitirse.

C

C
5 1 3 1

C
(2º posición)
3
1
1 3 5 1

Cm
5 b3 5 1

Cm
(2º posición)
1
1 b3 5 1

C+
#5 1 3 1

Cº
1 b3 b5 1

C5
5 1 5 1

Csus2
5 1 5 2

Csus4
5 1 4 1

Cmaj7
5 1 3 7

C7
5 1 3 b7

C7
(2º posición)
1
b7 3 5 1

Cm(maj7)
7 b3 5 1

Cm7
b7 b3 5 1

Cm7(b5)
b7 b3 b5 1

Cº7
bb7 b3 b5 1

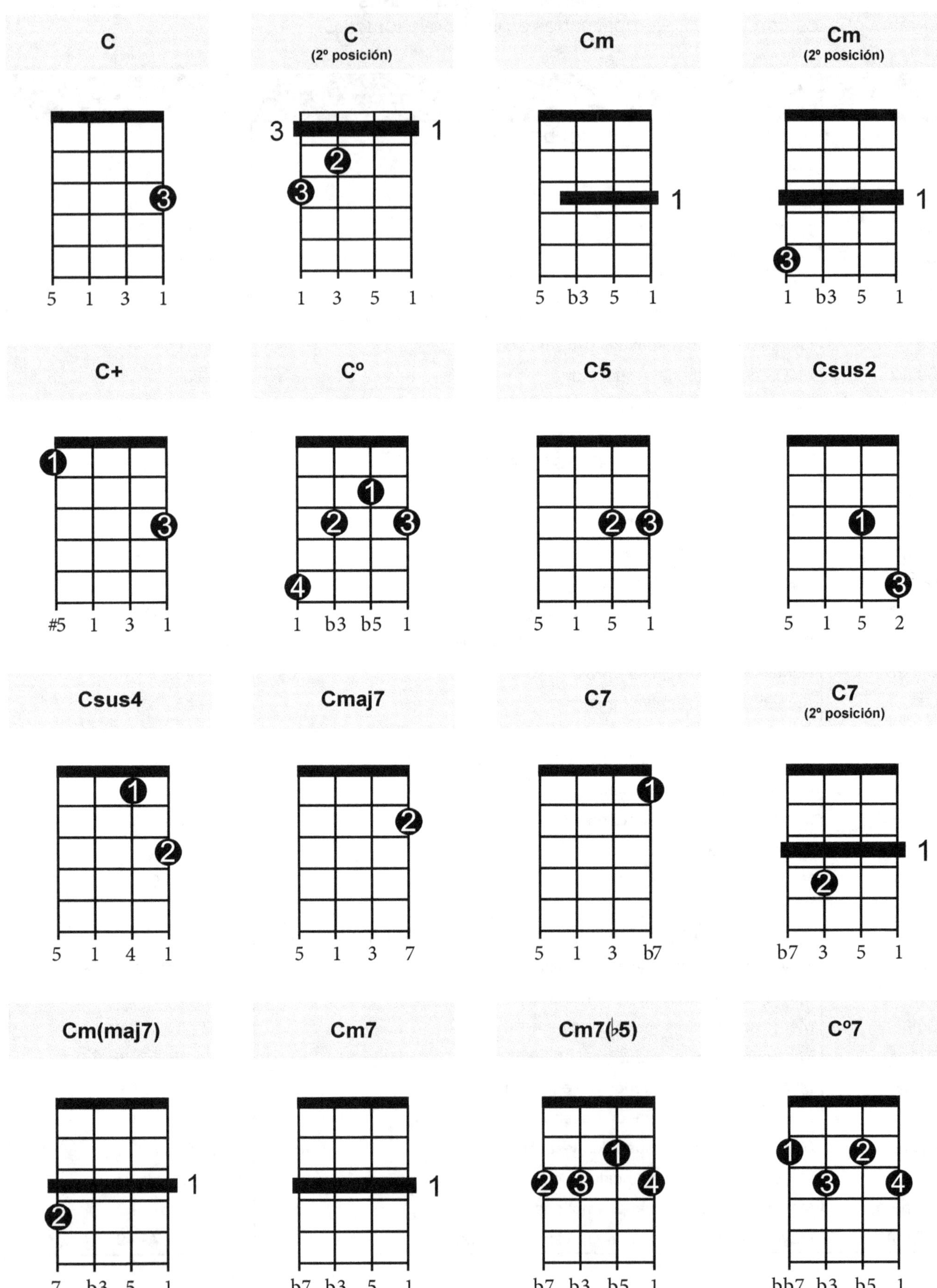

C

Cmaj7(#5)
#5 1 3 7

C+7
#5 1 3 b7

Cadd9
5 1 3 9

Cm(add9)
1
1 b3 5 9

C6
5 1 3 6

Cm6
6 b3 5 1

Cmaj9
7 1 3 9

C9
b7 1 3 9

Cm9
3
1 b3 b7 9

C11
b7 9 11 1

Cm11
b7 b3 11 1

C13
b7 1 3 13

C7sus4
5 1 4 b7

C7(b5)
b7 3 b5 1

C7(b9)
b7 1 3 b9

C7(#9)
3
b7 1 3 #9

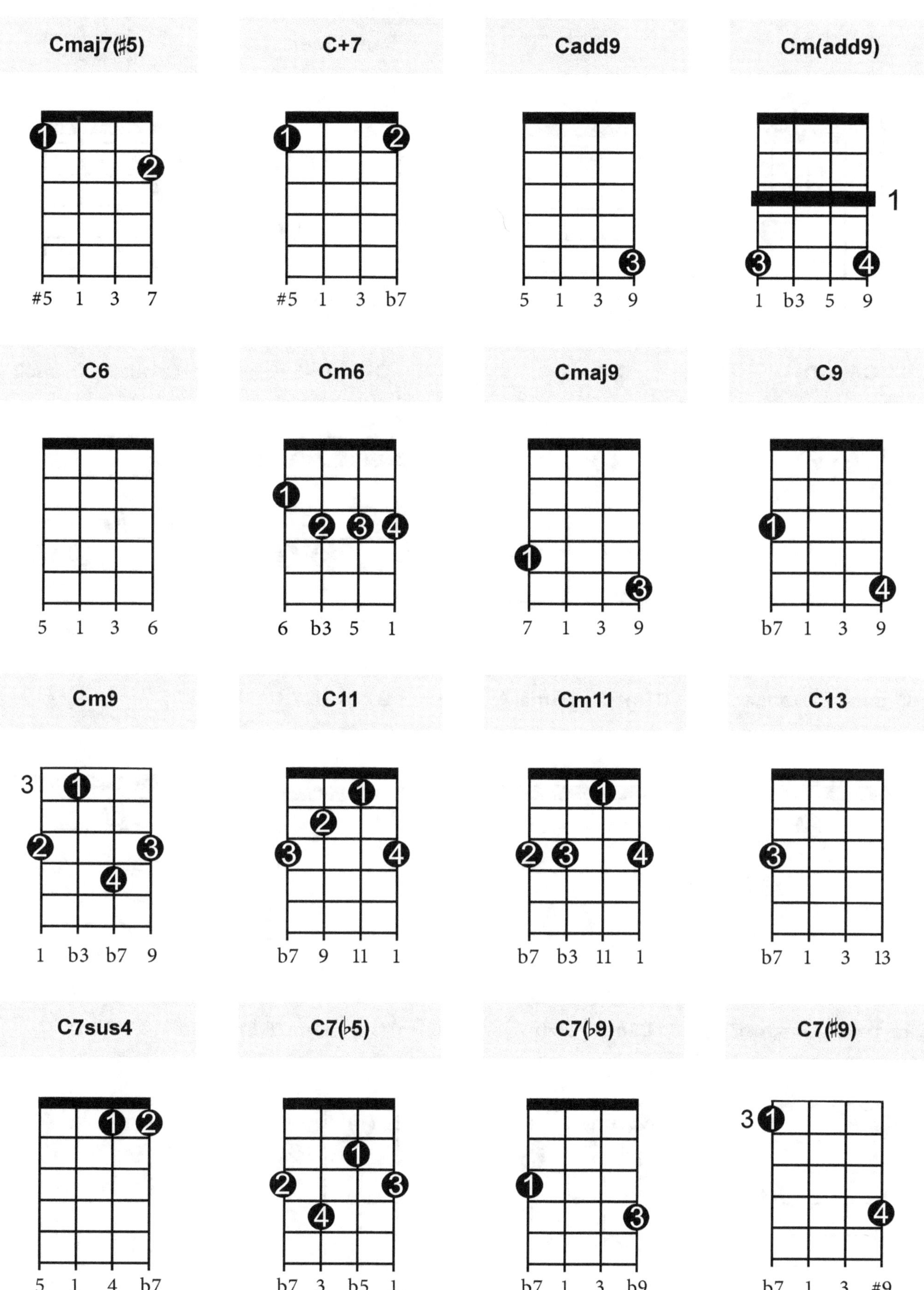

C♯ | D♭

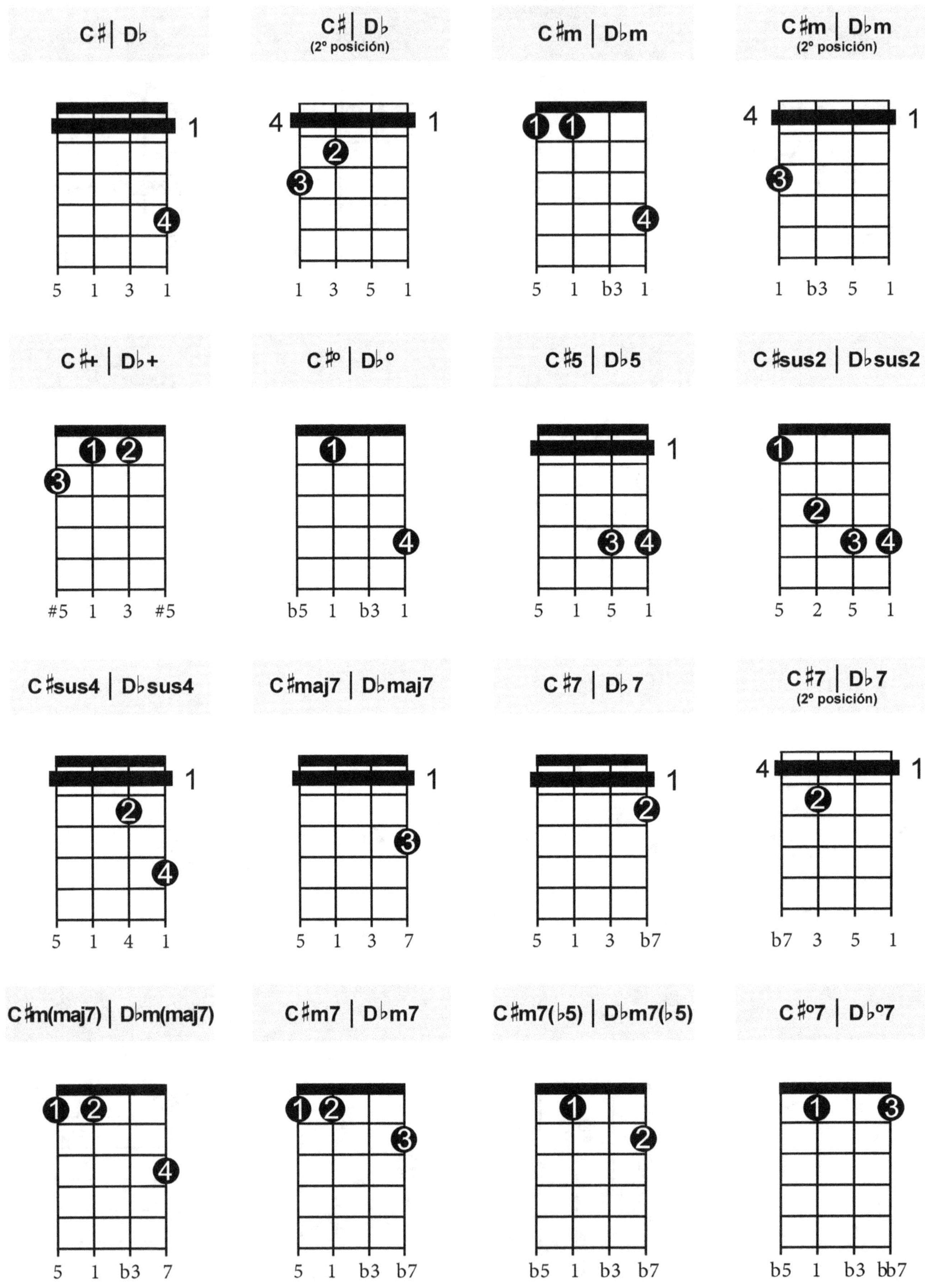

C# | D♭

C#maj7(#5) | D♭maj7(#5)
C#+7 | D♭+7
C#add9 | D♭add9
C#m(add9) | D♭m(add9)
#5 1 3 7
#5 1 3 b7
5 9 3 1
5 9 b3 1

C#6 | D♭6
C#m6 | D♭m6
C#maj9 | D♭maj9
C#9 | D♭9
5 1 3 6
5 1 b3 6
1 3 7 9
b7 9 3 1

C#m9 | D♭m9
C#11 | D♭11
C#m11 | D♭m11
C#13 | D♭13
b7 9 b3 1
b7 9 11 1
b7 b3 11 1
b7 1 3 13

C#7sus4 | D♭7sus4
C#7(b5) | D♭7(b5)
C#7(b9) | D♭7(b9)
C#7(#9) | D♭7(#9)
5 1 4 b7
b5 1 3 b7
b7 1 3 b9
b7 3 #9 1

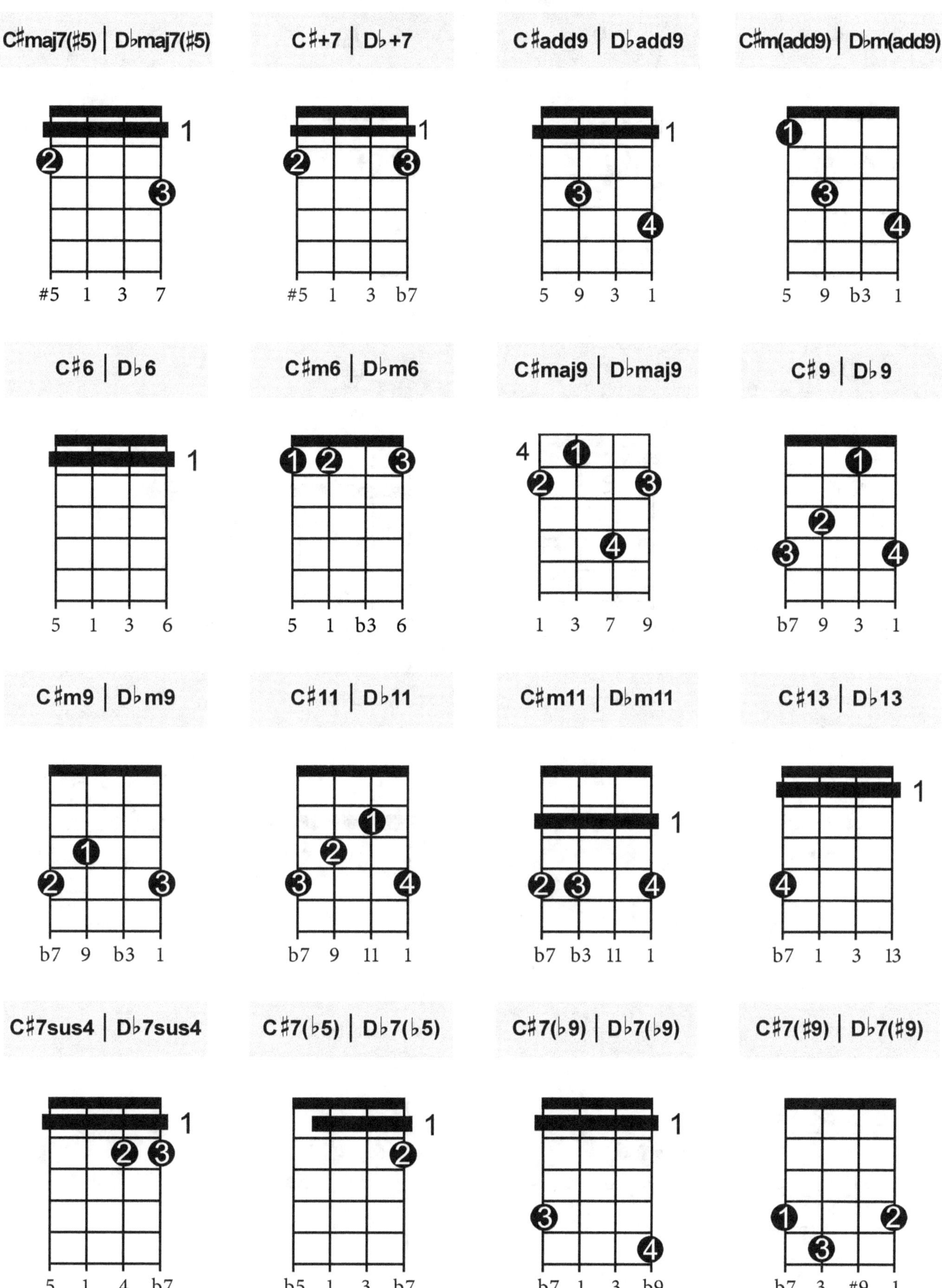

D

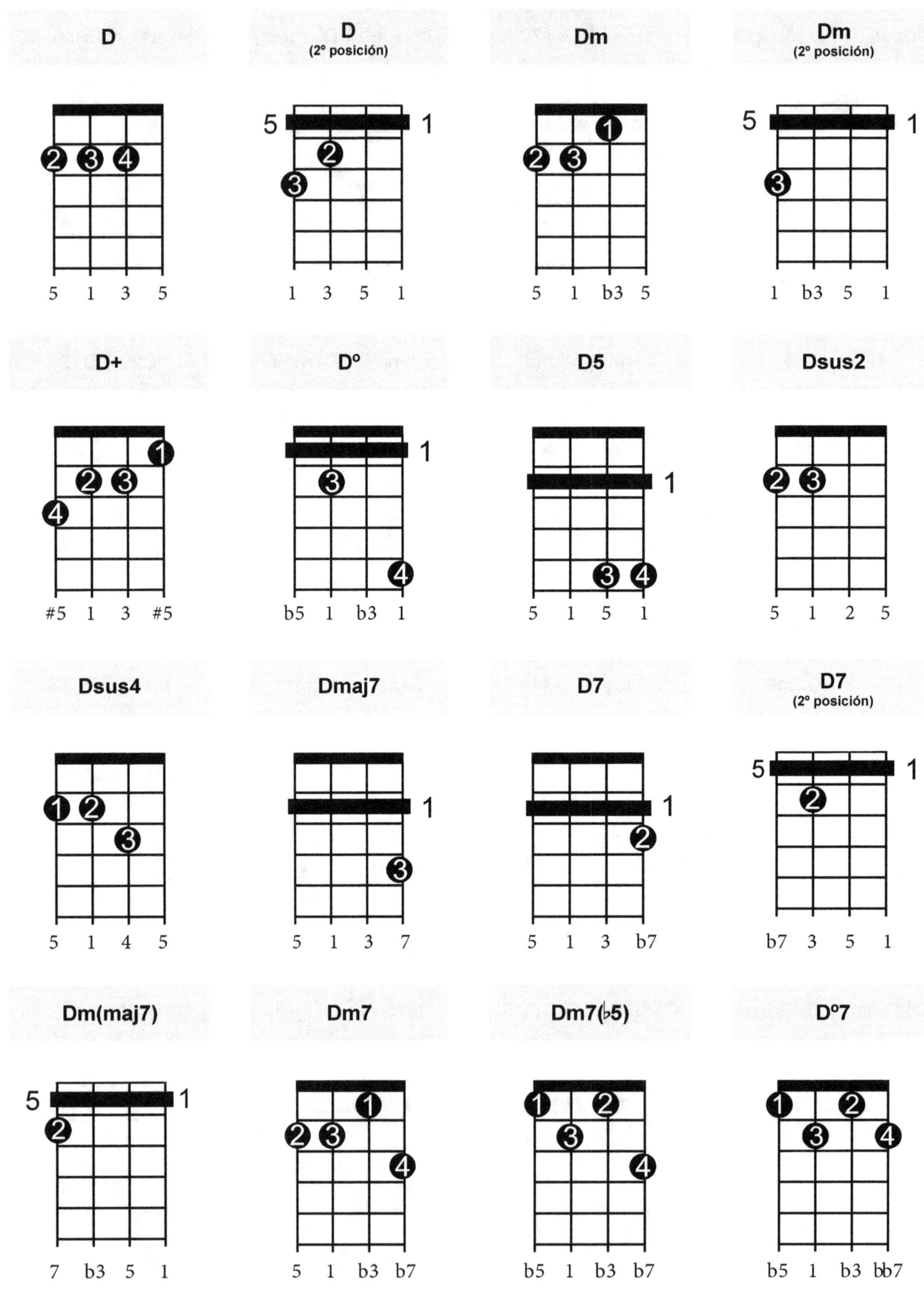

D

Dmaj7(#5)
#5 1 3 7

D+7
#5 1 3 b7

Dadd9
5 9 3 1

Dm(add9)
5 1
1 b3 5 9

D6
6 1 3 5

Dm6
6 1 b3 5

Dmaj9
2
7 9 3 1

D9
b7 9 3 1

Dm9
5
1 b3 b7 9

D11
1
5 1 11 b7

Dm11
11 1 b3 b7

D13
1
b7 1 3 13

D7sus4
1
5 1 4 b7

D7(b5)
b5 1 3 b7

D7(b9)
2 1
b7 1 3 b9

D7(#9)
5 1
b7 3 5 #9

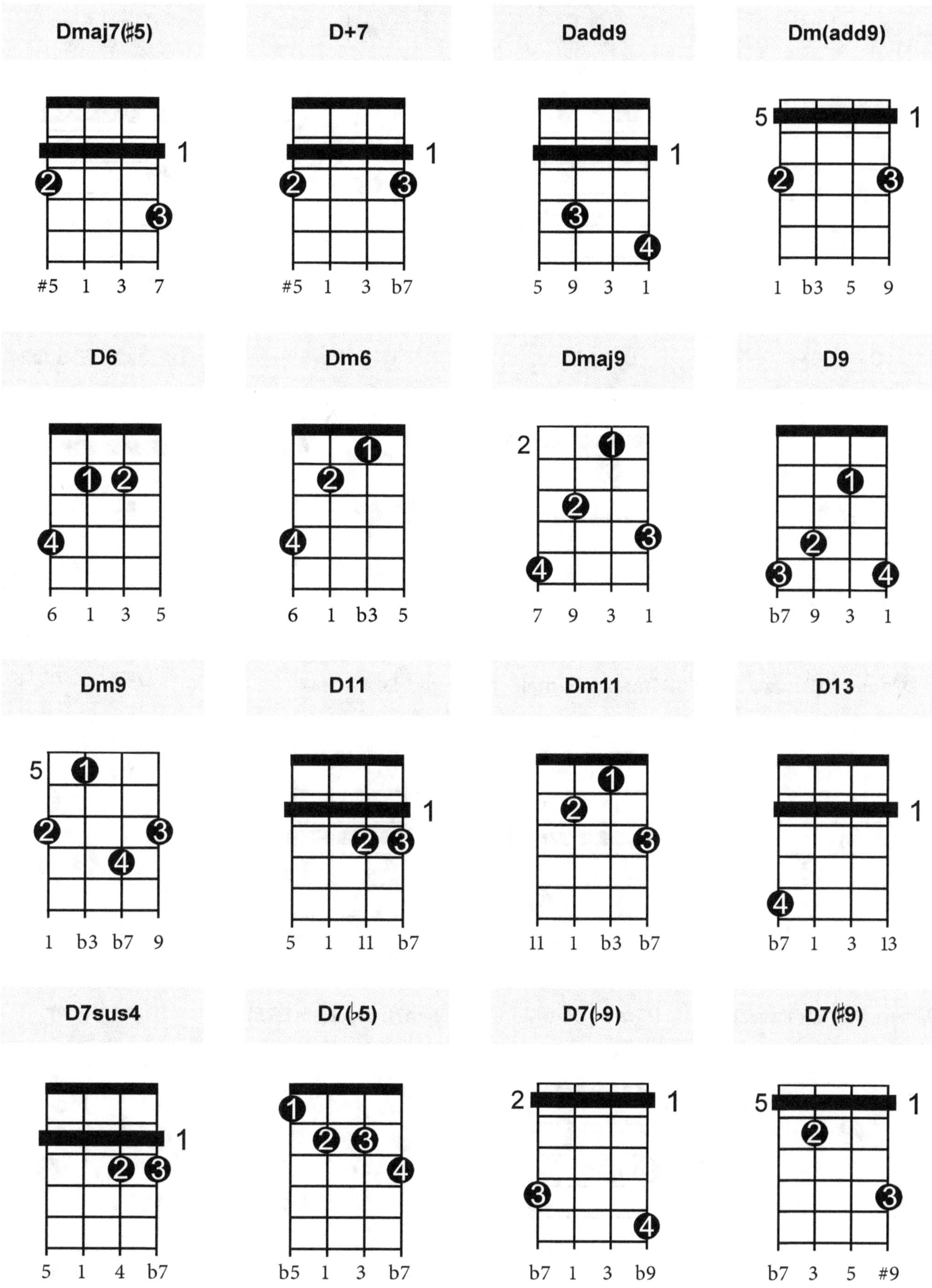

D♯ | E♭

D♯ | E♭
3 1 3 5

D♯ | E♭
(2º posición)
3 1
5 1 3 1

D♯m | E♭m
5 1 b3 5

D♯m | E♭m
(2º posición)
6 1
1 b3 5 1

D♯+ | E♭+
3 1 3 #5

D♯º | E♭º
2 1
b5 1 b3 1

D♯5 | E♭5
X
5 1 5

D♯sus2 | E♭sus2
1
5 1 2 5

D♯sus4 | E♭sus4
5 1 4 5

D♯maj7 | E♭maj7
1
5 1 3 7

D♯7 | E♭7
1
5 1 3 b7

D♯7 | E♭7
(2º posición)
3
3 1 5 b7

D♯m(maj7) | E♭m(maj7)
5
1 b3 5 7

D♯m7 | E♭m7
5 1 b3 b7

D♯m7(b5) | E♭m7(b5)
b5 1 b3 b7

D♯º7 | E♭º7
b5 1 b3 bb7

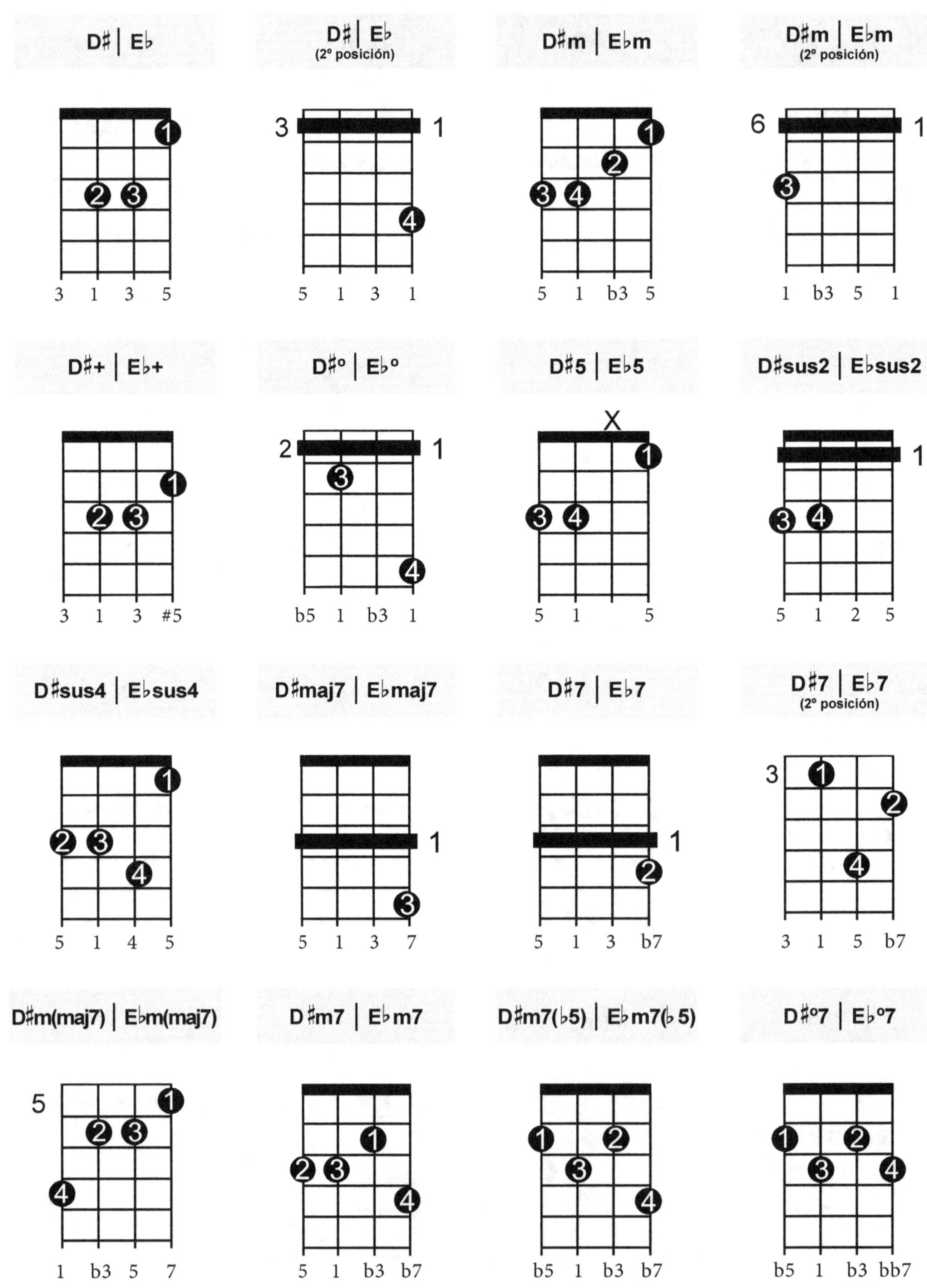

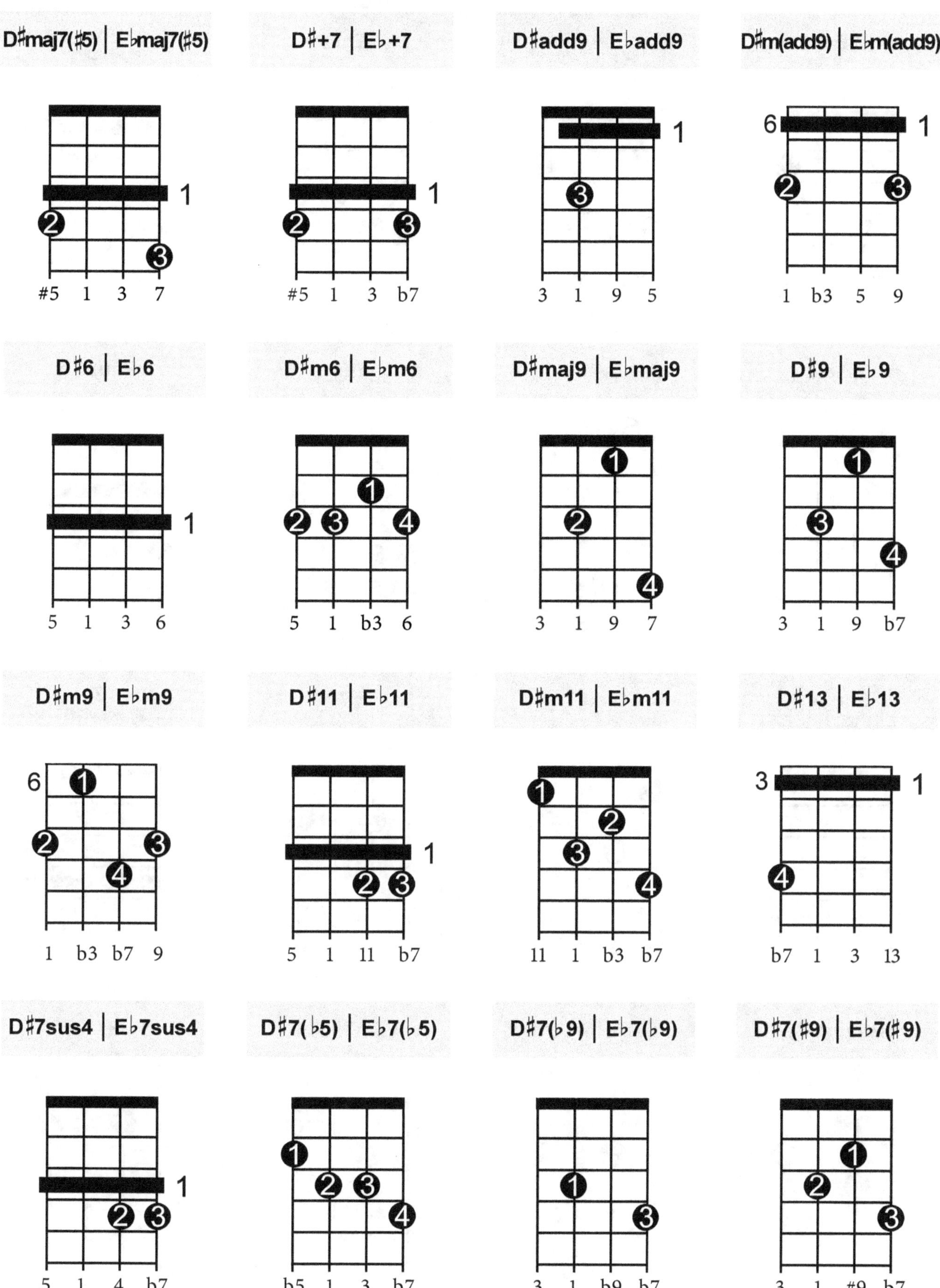

D♯ | E♭

D♯maj7(♯5) | E♭maj7(♯5)
#5 1 3 7

D♯+7 | E♭+7
#5 1 3 b7

D♯add9 | E♭add9
3 1 9 5

D♯m(add9) | E♭m(add9)
1 b3 5 9

D♯6 | E♭6
5 1 3 6

D♯m6 | E♭m6
5 1 b3 6

D♯maj9 | E♭maj9
3 1 9 7

D♯9 | E♭9
3 1 9 b7

D♯m9 | E♭m9
1 b3 b7 9

D♯11 | E♭11
5 1 11 b7

D♯m11 | E♭m11
11 1 b3 b7

D♯13 | E♭13
b7 1 3 13

D♯7sus4 | E♭7sus4
5 1 4 b7

D♯7(♭5) | E♭7(♭5)
b5 1 3 b7

D♯7(♭9) | E♭7(♭9)
3 1 b9 b7

D♯7(♯9) | E♭7(♯9)
3 1 #9 b7

E

E
E (2º posición)
Em
Em (2º posición)
E+
Eº
E5
Esus2
Esus4
Emaj7
E7
E7 (2º posición)
Em(maj7)
Em7
Em7(♭5)
Eº7

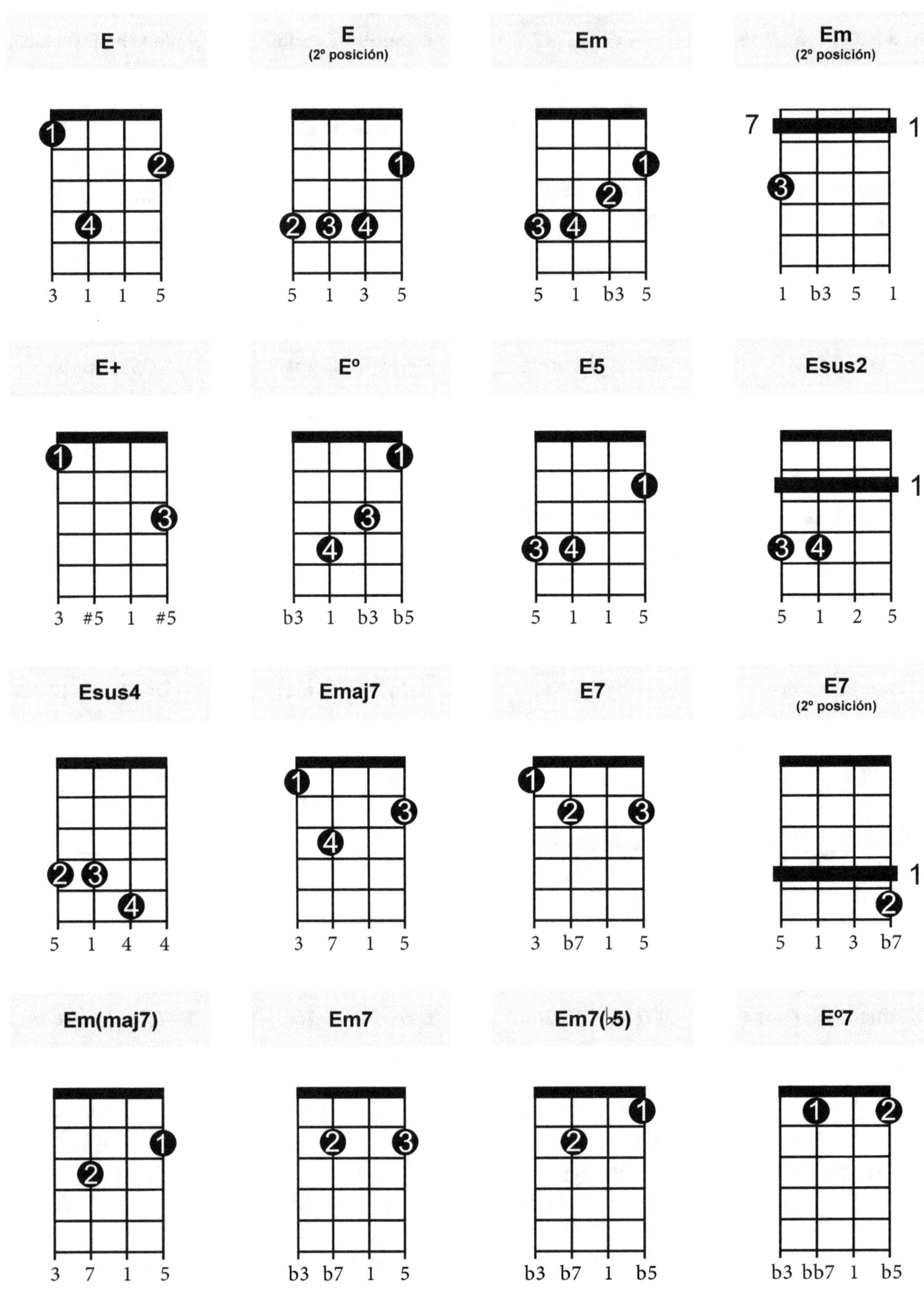

E

Emaj7(#5)   E+7   Eadd9   Em(add9)
#5 1 3 7   3 b7 1 #5   3 1 9 5   b3 1 9 5
E6   Em6   Emaj9   E9
3 6 1 5   b3 6 1 5   7 9 3 1   b7 9 3 1
Em9   E11   Em11   E13
b3 9 1 b7   11 b7 1 5   b3 b7 1 11   3 b7 1 13
E7sus4   E7(b5)   E7(b9)   E7(#9)
4 b7 1 5   3 b7 1 b5   3 1 b9 b7   #9 1 3 b7

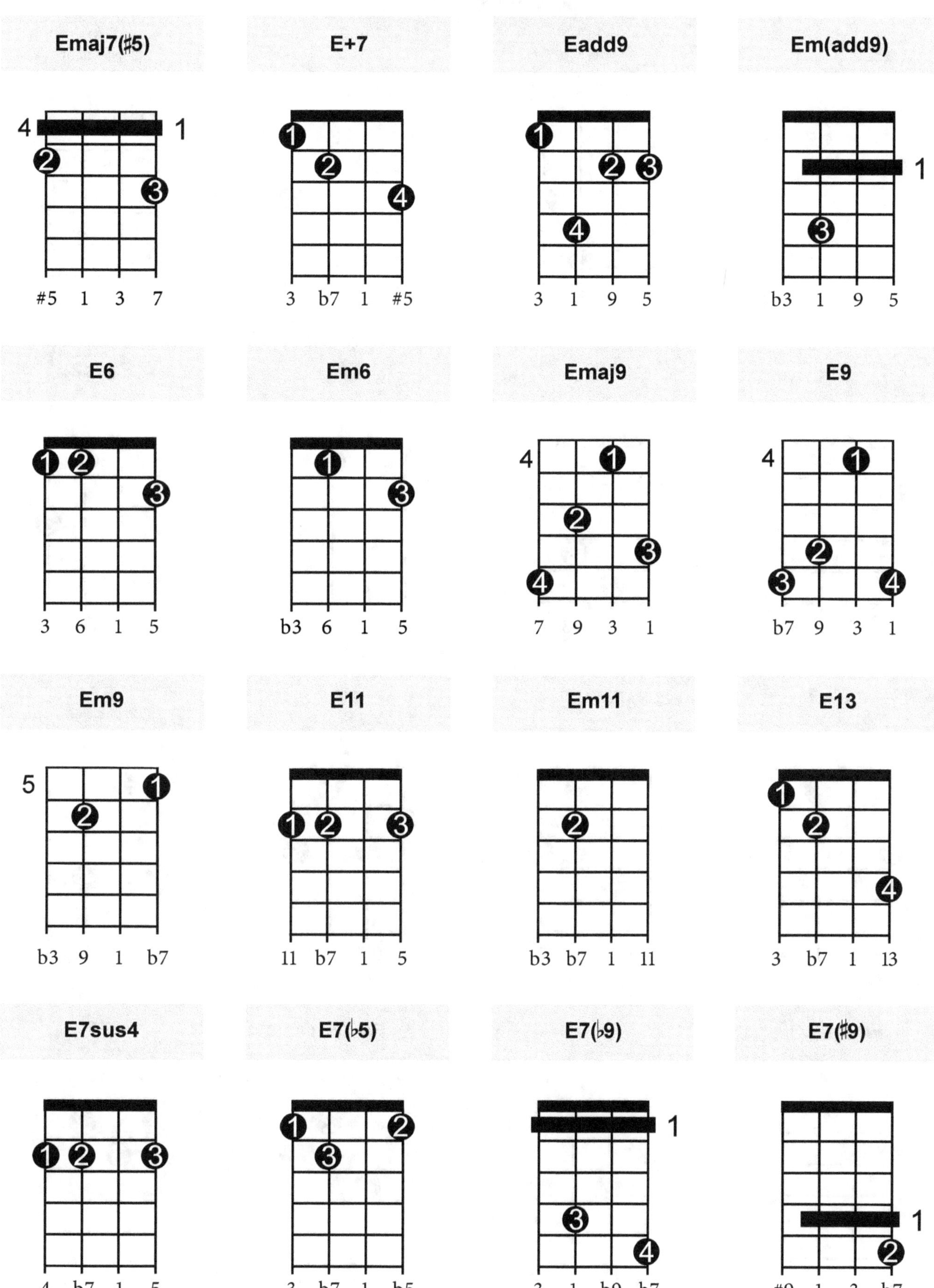

F

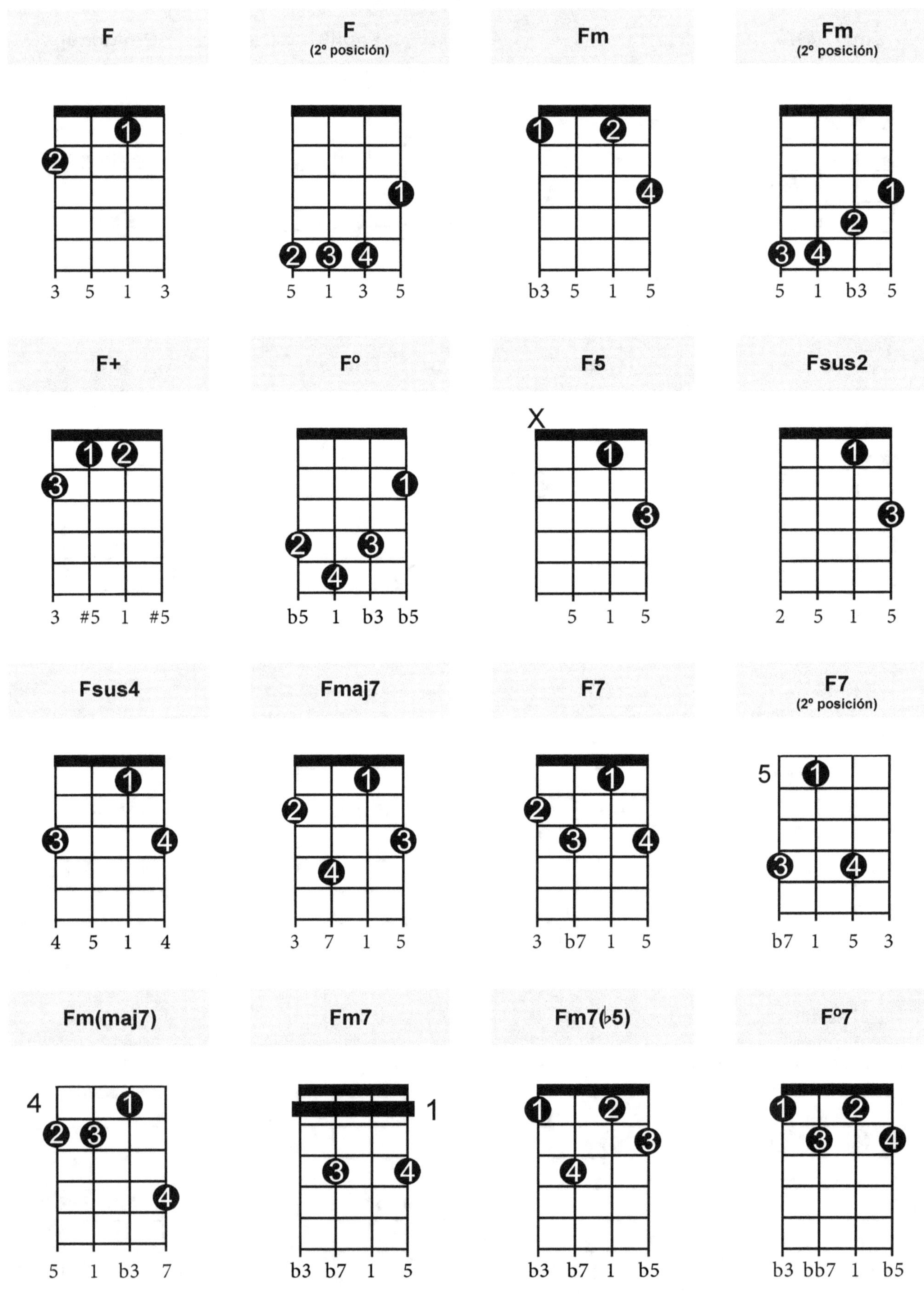

F

Fmaj7(#5)
F+7
Fadd9
Fm(add9)
#5 1 3 7
3 b7 1 #5
9 5 1 3
9 1 b3 5
F6
Fm6
Fmaj9
F9
3 6 1 5
b3 6 1 5
9 7 1 3
9 b7 1 3
Fm9
F11
Fm11
F13
9 1 b3 b7
11 b7 1 5
b3 b7 1 11
b7 1 3 13
F7sus4
F7(b5)
F7(b9)
F7(#9)
4 b7 1 5
3 b7 1 b5
3 1 b9 b7
#9 b7 1 3

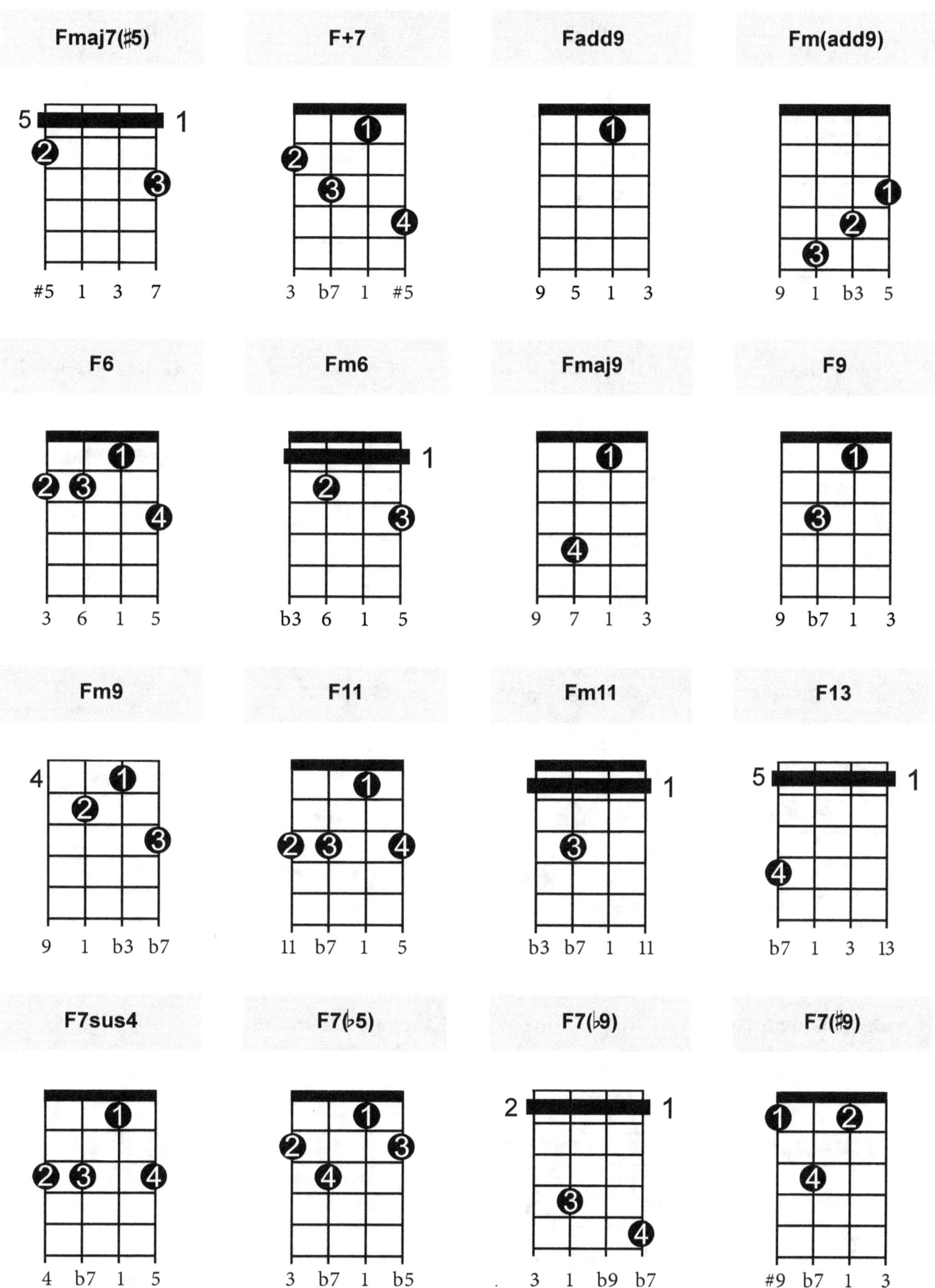

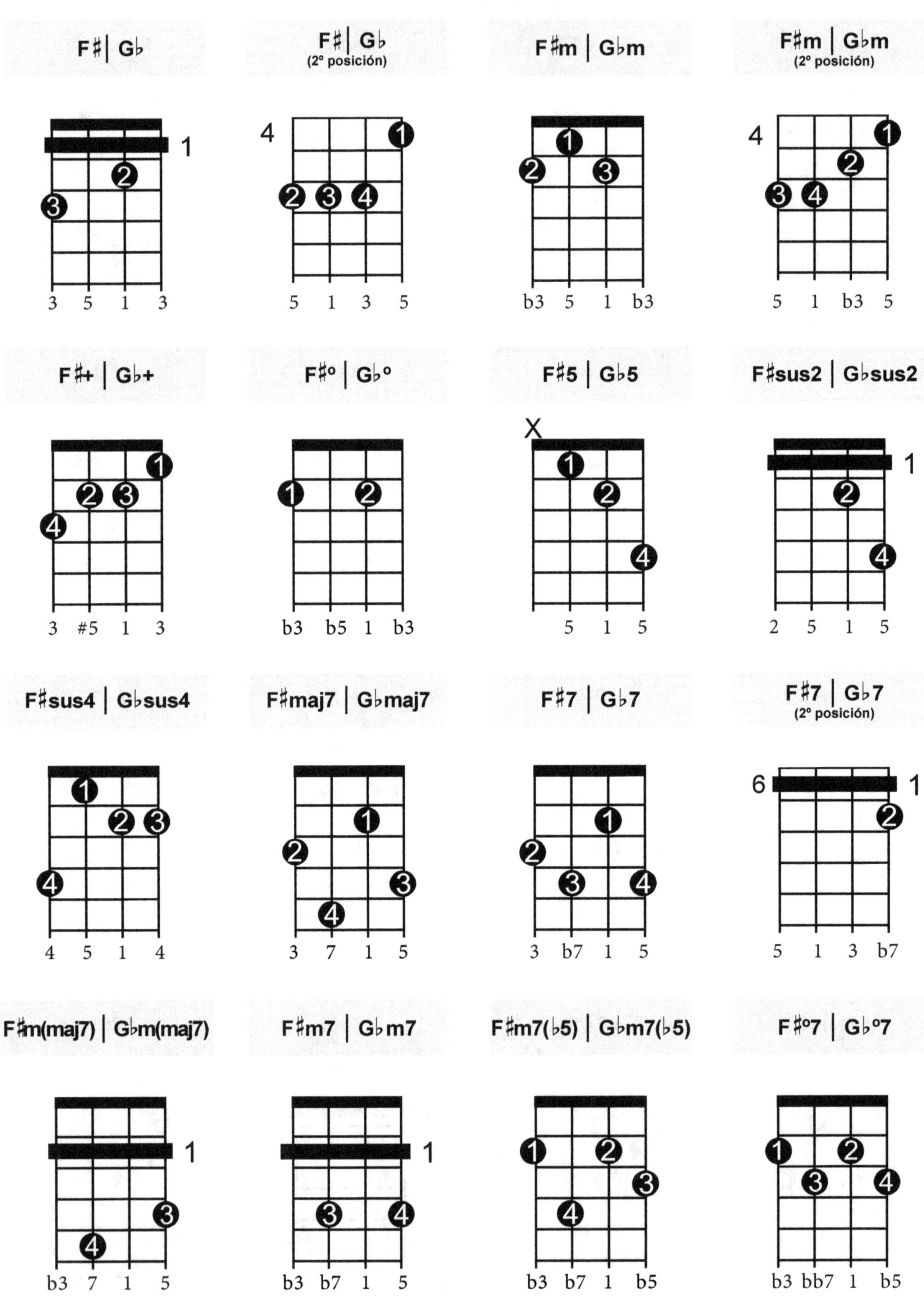

F# | G♭
F# | G♭ (2º posición)
F#m | G♭m
F#m | G♭m (2º posición)
1
4
4
3 5 1 3
5 1 3 5
b3 5 1 b3
5 1 b3 5

F#+ | G♭+
F#º | G♭º
F#5 | G♭5
F#sus2 | G♭sus2
X
1
3 #5 1 3
b3 b5 1 b3
5 1 5
2 5 1 5

F#sus4 | G♭sus4
F#maj7 | G♭maj7
F#7 | G♭7
F#7 | G♭7 (2º posición)
6
1
4 5 1 4
3 7 1 5
3 b7 1 5
5 1 3 b7

F#m(maj7) | G♭m(maj7)
F#m7 | G♭m7
F#m7(b5) | G♭m7(b5)
F#º7 | G♭º7
1
1
b3 7 1 5
b3 b7 1 5
b3 b7 1 b5
b3 bb7 1 b5

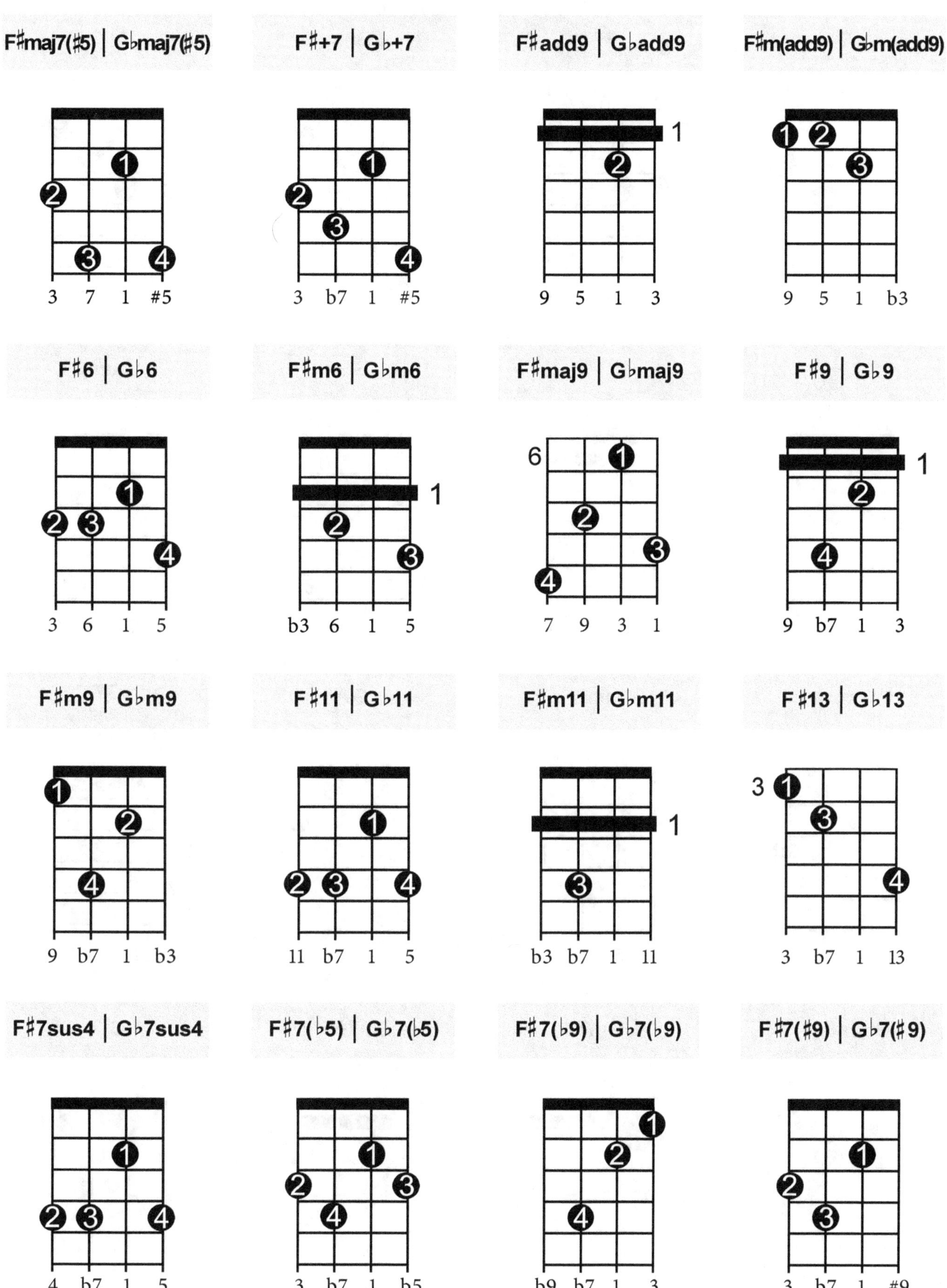

F#maj7(#5) | G♭maj7(#5)
3 7 1 #5

F#+7 | G♭+7
3 b7 1 #5

F#add9 | G♭add9
9 5 1 3

F#m(add9) | G♭m(add9)
9 5 1 b3

F#6 | G♭6
3 6 1 5

F#m6 | G♭m6
b3 6 1 5

F#maj9 | G♭maj9
7 9 3 1

F#9 | G♭9
9 b7 1 3

F#m9 | G♭m9
9 b7 1 b3

F#11 | G♭11
11 b7 1 5

F#m11 | G♭m11
b3 b7 1 11

F#13 | G♭13
3 b7 1 13

F#7sus4 | G♭7sus4
4 b7 1 5

F#7(b5) | G♭7(b5)
3 b7 1 b5

F#7(b9) | G♭7(b9)
b9 b7 1 3

F#7(#9) | G♭7(#9)
3 b7 1 #9

G

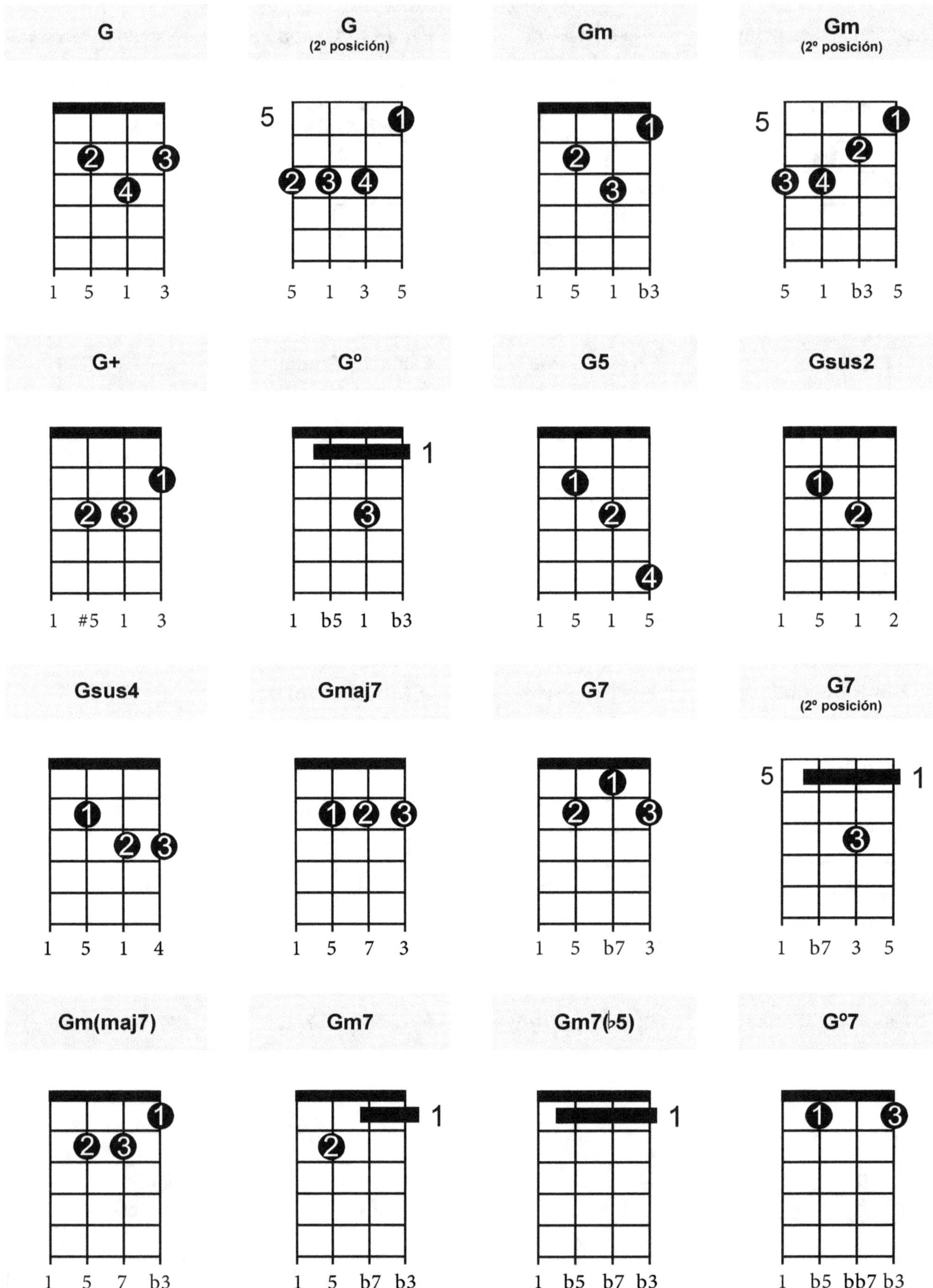

G

Gmaj7(#5)
1 #5 7 3

G+7
1 #5 b7 3

Gadd9
3 5 1 9

Gm(add9)
b3 5 1 9

G6
1 5 6 3

Gm6
1 5 6 b3

Gmaj9
3 7 1 9

G9
1 b7 9 3

Gm9
1 b7 9 b3

G11
1 11 b7 9

Gm11
1 11 b7 b3

G13
1 13 b7 3

G7sus4
1 5 b7 4

G7(b5)
1 b5 b7 3

G7(b9)
1 b7 b9 3

G7(#9)
1 b7 #9 3

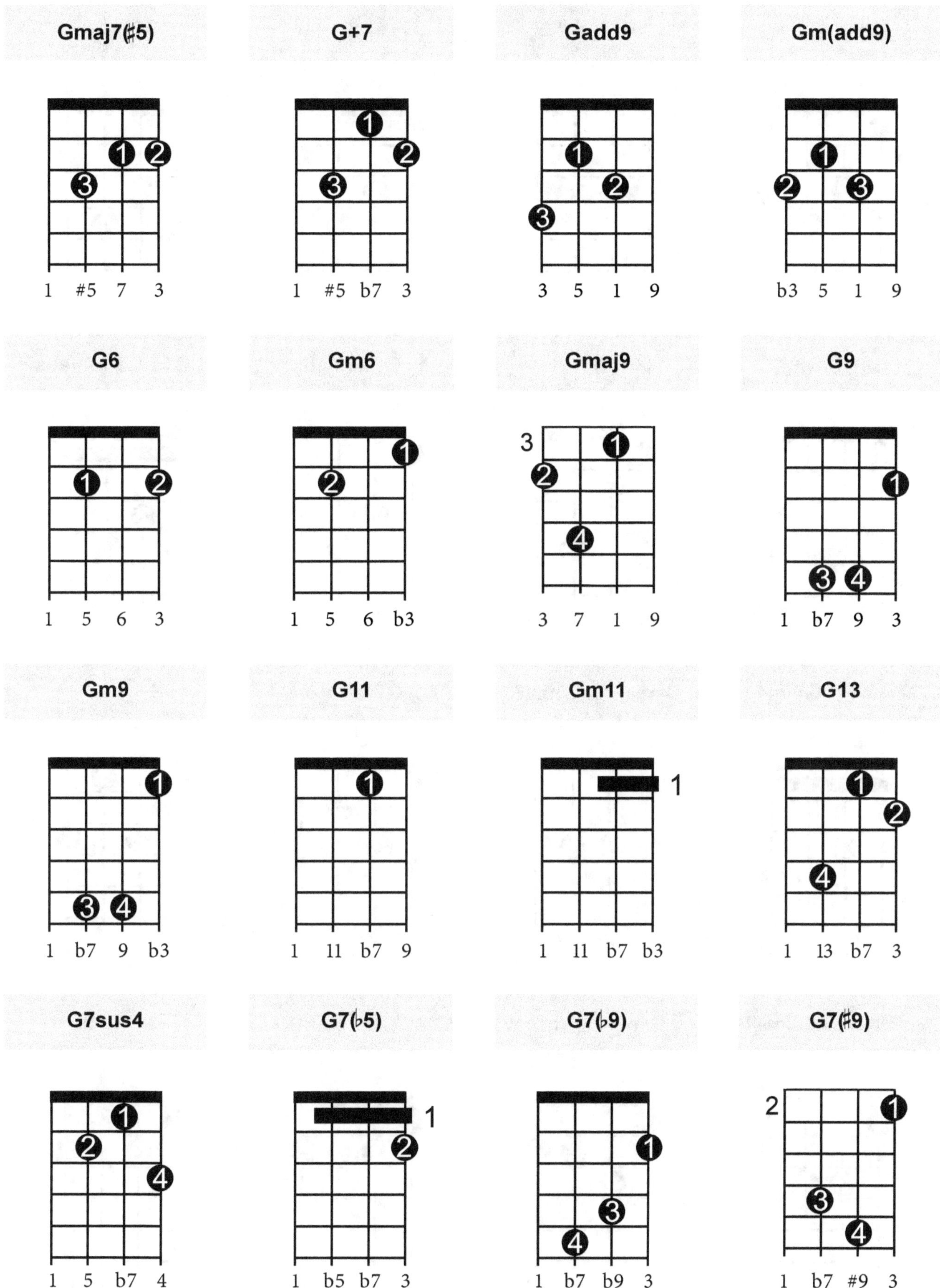

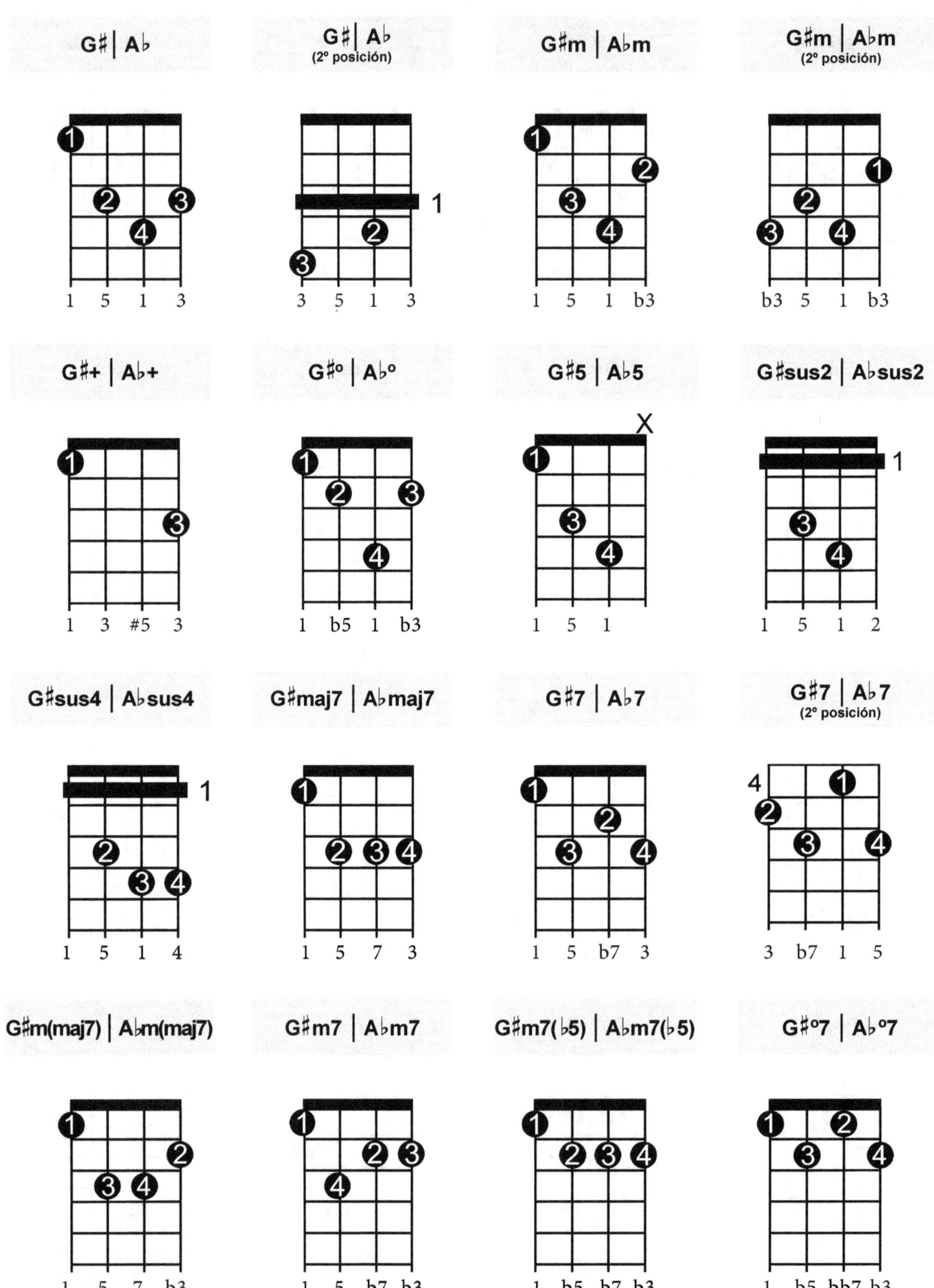

G♯ | A♭

G♯ | A♭

G♯ | A♭ (2º posición)

G♯m | A♭m

G♯m | A♭m (2º posición)

G♯+ | A♭+

G♯º | A♭º

G♯5 | A♭5

G♯sus2 | A♭sus2

G♯sus4 | A♭sus4

G♯maj7 | A♭maj7

G♯7 | A♭7

G♯7 | A♭7 (2º posición)

G♯m(maj7) | A♭m(maj7)

G♯m7 | A♭m7

G♯m7(♭5) | A♭m7(♭5)

G♯º7 | A♭º7

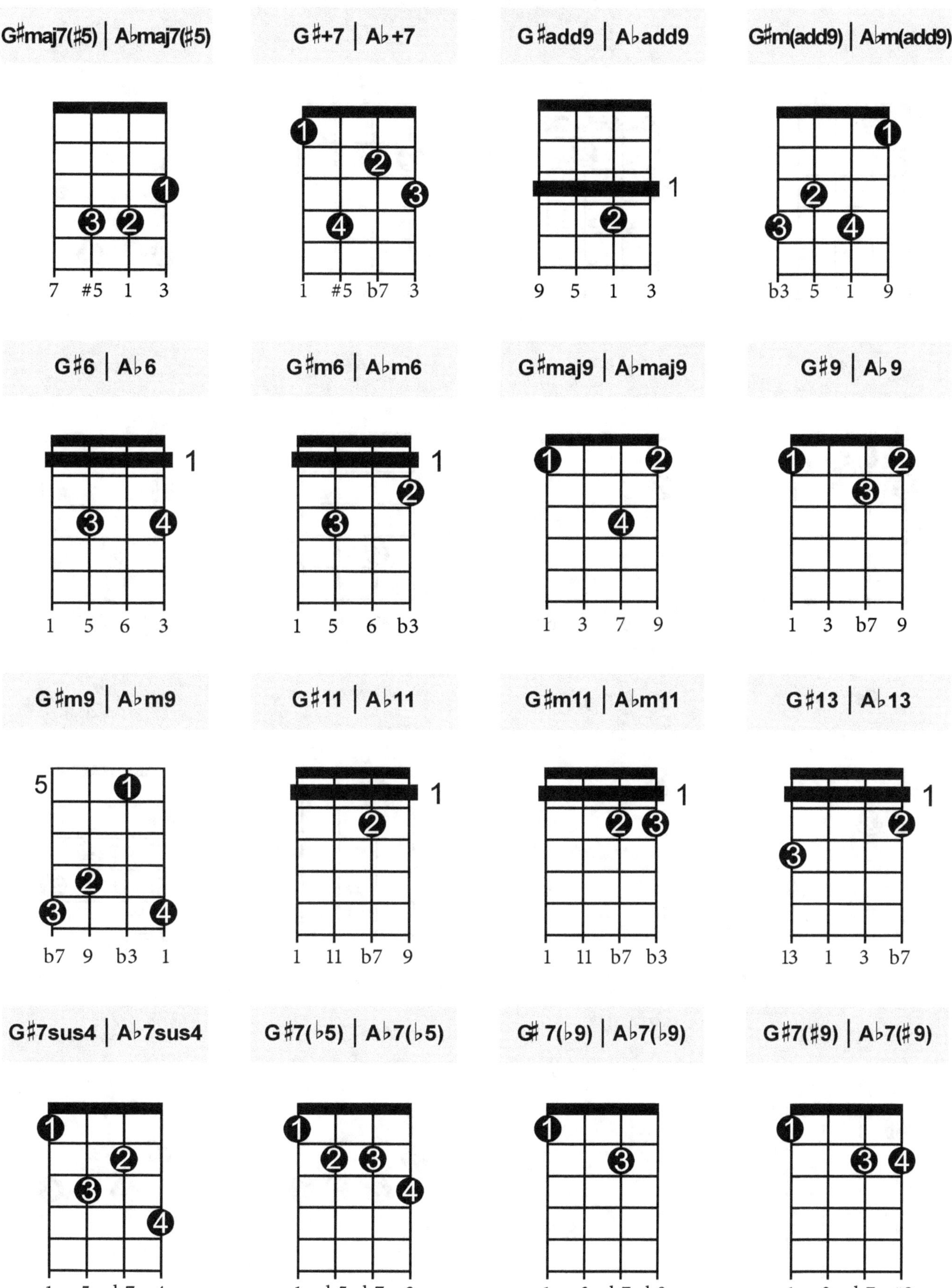

G# | Ab

G#maj7(#5) | Abmaj7(#5)
7 #5 1 3

G#+7 | Ab+7
1 #5 b7 3

G#add9 | Abadd9
9 5 1 3

G#m(add9) | Abm(add9)
b3 5 1 9

G#6 | Ab6
1 5 6 3

G#m6 | Abm6
1 5 6 b3

G#maj9 | Abmaj9
1 3 7 9

G#9 | Ab9
1 3 b7 9

G#m9 | Abm9
b7 9 b3 1

G#11 | Ab11
1 11 b7 9

G#m11 | Abm11
1 11 b7 b3

G#13 | Ab13
13 1 3 b7

G#7sus4 | Ab7sus4
1 5 b7 4

G#7(b5) | Ab7(b5)
1 b5 b7 3

G#7(b9) | Ab7(b9)
1 3 b7 b9

G#7(#9) | Ab7(#9)
1 3 b7 #9

A

A
A (2º posición)
Am
Am (2º posición)
1 3 5 1
3 5 1 3
1 b3 5 1
b3 5 1 b3
A+
Aº
A5
Asus2
1 3 #5 3
1 b5 1 b3
1 5 5 1
1 5 5 2
Asus4
Amaj7
A7
A7 (2º posición)
1 4 5 1
7 3 5 1
b7 3 5 1
1 5 3 b7
Am(maj7)
Am7
Am7(b5)
Aº7
7 b3 5 1
b7 b3 5 1
1 b5 b7 b3
1 b5 bb7 b3

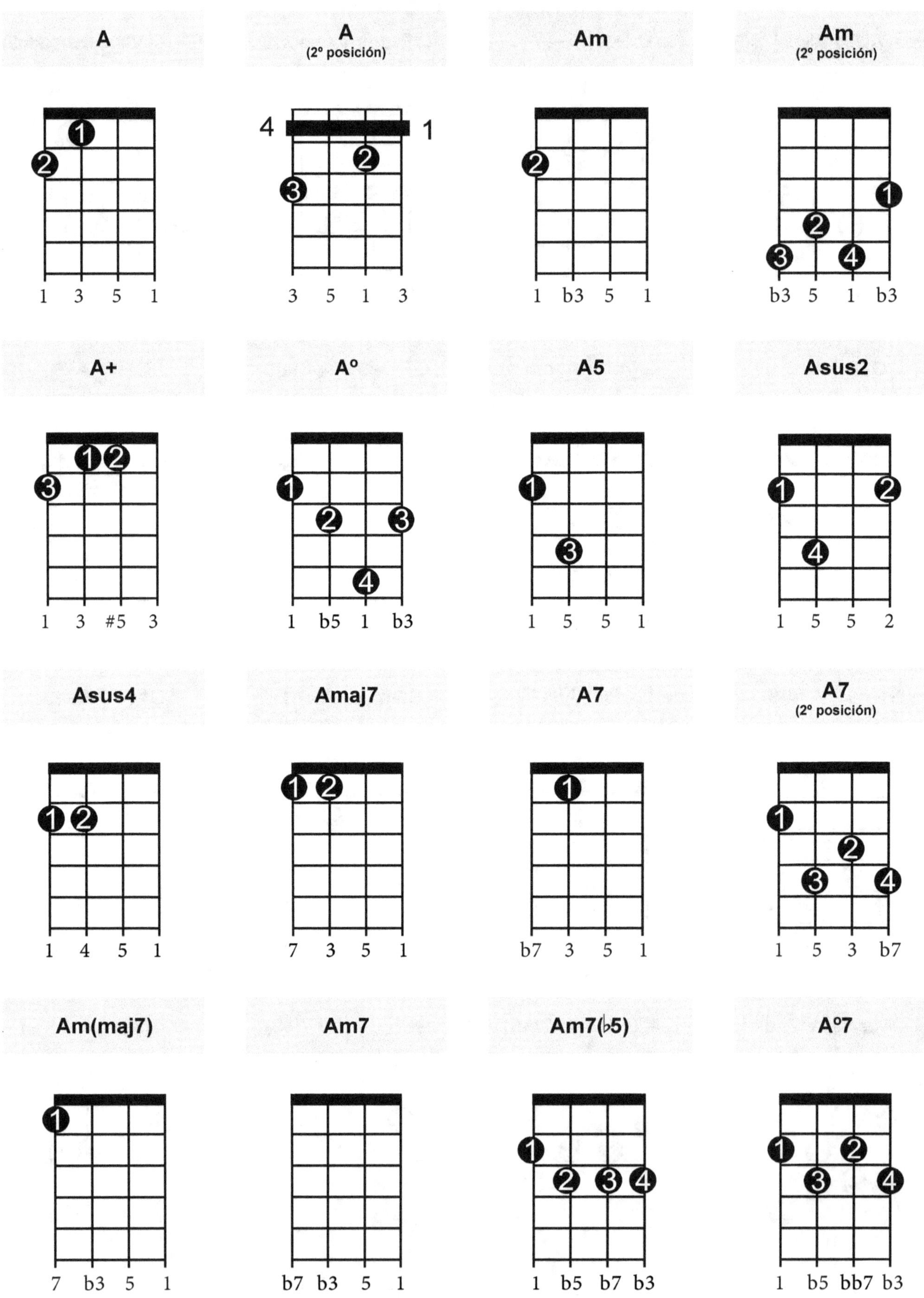

A

Amaj7(#5)
A+7
Aadd9
Am(add9)
1 2 3
7 3 #5 1
1 2
1 b7 #5 3
1
2 3
1 3 5 9
2 3
1 b3 5 9
A6
Am6
Amaj9
A9
1
1 5 6 3
3 4
1
1 5 6 b3
2 3
1
3 4
9 3 7 1
1
2 3
4
1 3 b7 9
Am9
A11
Am11
A13
1 2
3
1 b3 b7 9
1
2
1 11 b7 9
1
2 3
1 11 b7 b3
1
2
b7 3 13 1
A7sus4
A7(b5)
A7(b9)
A7(#9)
2
b7 4 5 1
1
2 3
4
1 b5 b7 3
1
2
3
1 3 b7 b9
1
2
3 4
1 3 b7 #9

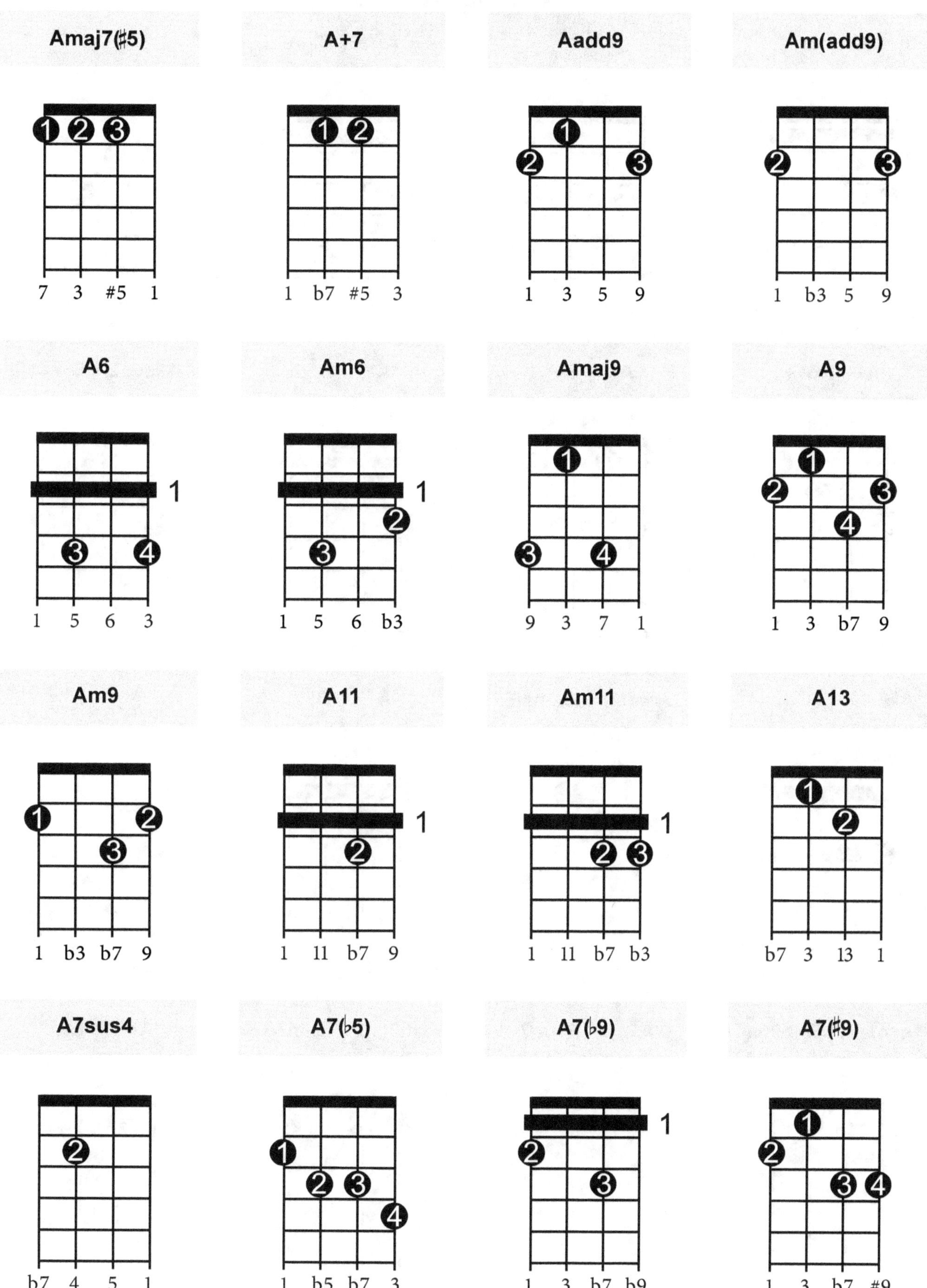

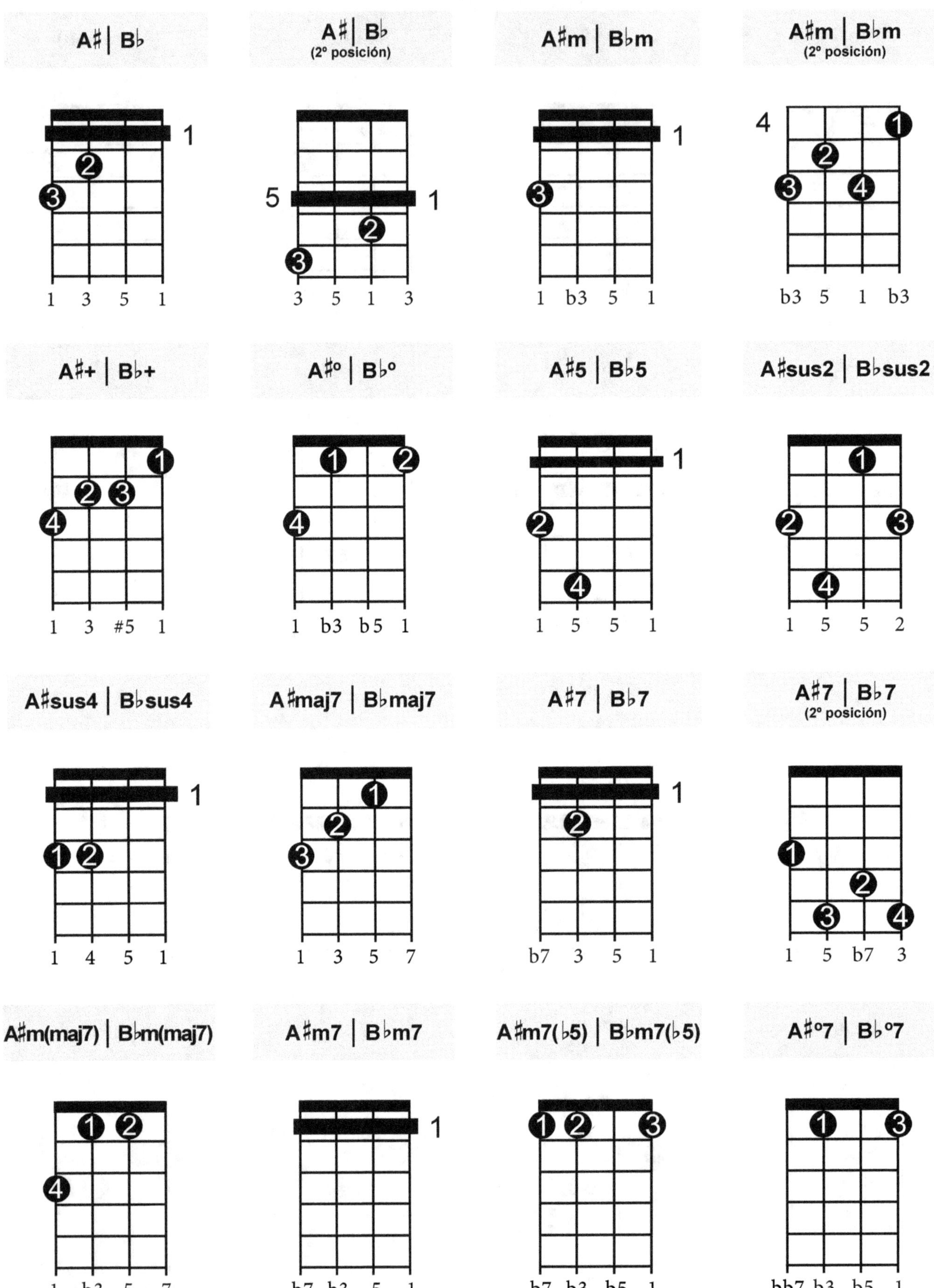
A♯ | B♭
1 3 5 1

A♯ | B♭
(2º posición)
3 5 1 3

A♯m | B♭m
1 b3 5 1

A♯m | B♭m
(2º posición)
b3 5 1 b3

A♯+ | B♭+
1 3 #5 1

A♯º | B♭º
1 b3 b5 1

A♯5 | B♭5
1 5 5 1

A♯sus2 | B♭sus2
1 5 5 2

A♯sus4 | B♭sus4
1 4 5 1

A♯maj7 | B♭maj7
1 3 5 7

A♯7 | B♭7
b7 3 5 1

A♯7 | B♭7
(2º posición)
1 5 b7 3

A♯m(maj7) | B♭m(maj7)
1 b3 5 7

A♯m7 | B♭m7
b7 b3 5 1

A♯m7(b5) | B♭m7(b5)
b7 b3 b5 1

A♯º7 | B♭º7
bb7 b3 b5 1

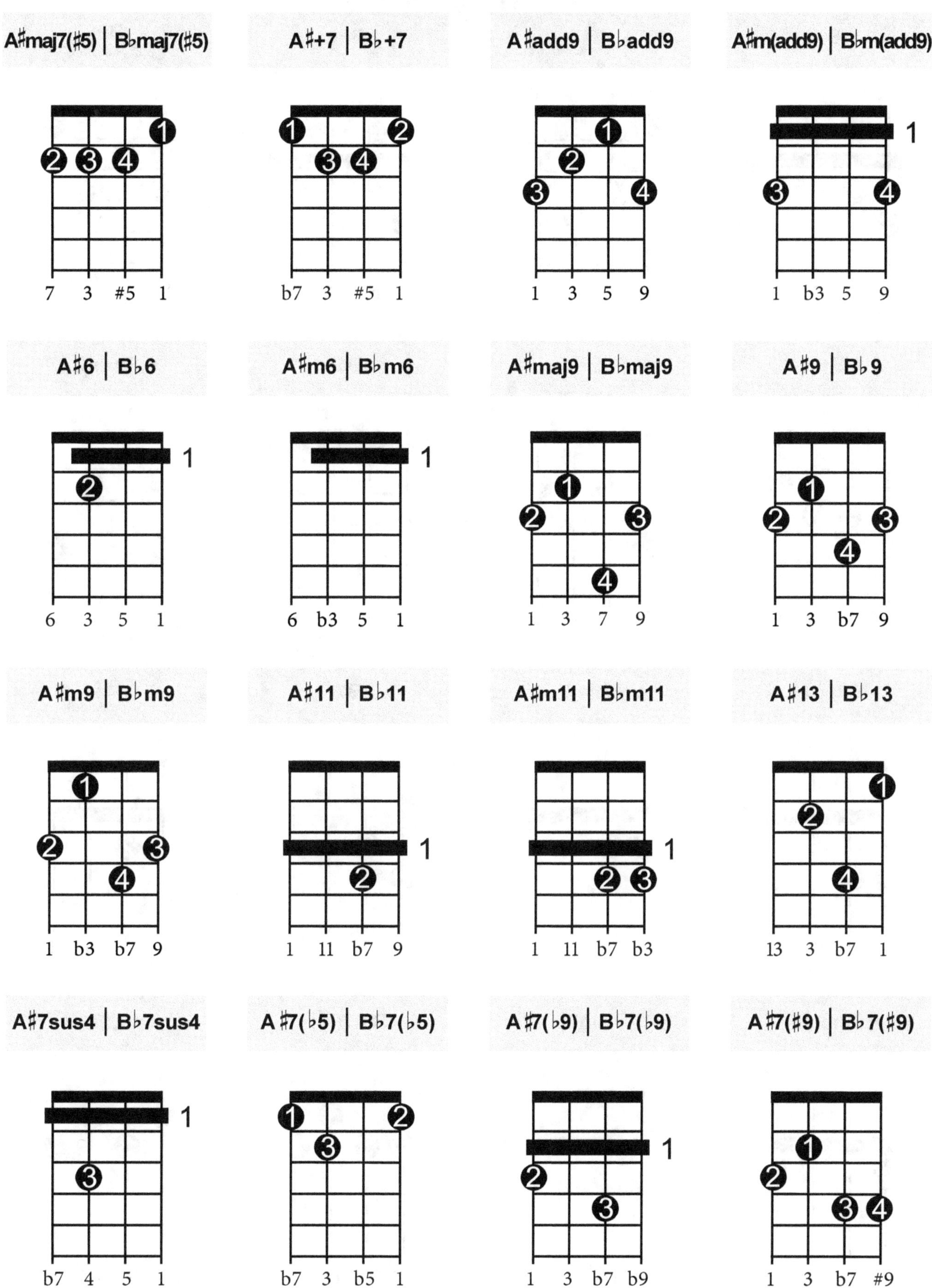

A♯maj7(♯5) | B♭maj7(♯5)
7 3 #5 1
A♯+7 | B♭+7
b7 3 #5 1
A♯add9 | B♭add9
1 3 5 9
A♯m(add9) | B♭m(add9)
1 b3 5 9
A♯6 | B♭6
6 3 5 1
A♯m6 | B♭m6
6 b3 5 1
A♯maj9 | B♭maj9
1 3 7 9
A♯9 | B♭9
1 3 b7 9
A♯m9 | B♭m9
1 b3 b7 9
A♯11 | B♭11
1 11 b7 9
A♯m11 | B♭m11
1 11 b7 b3
A♯13 | B♭13
13 3 b7 1
A♯7sus4 | B♭7sus4
b7 4 5 1
A♯7(♭5) | B♭7(♭5)
b7 3 b5 1
A♯7(♭9) | B♭7(♭9)
1 3 b7 b9
A♯7(♯9) | B♭7(♯9)
1 3 b7 #9

B

B
1 3 5 1

B
(2º posición)
4
1 5 1 3

Bm
1 b3 5 1

Bm
(2º posición)
5
b3 5 1 b3

B+
#5 3 #5 1

Bº
1 b3 b5 1

B5
2
1 5 5 1

Bsus2
X
1 5 2

Bsus4
1 4 5 1

Bmaj7
7 3 5 1

B7
1 3 5 b7

B7
(2º posición)
b7 3 5 1

Bm(maj7)
7 b3 5 1

Bm7
b7 b3 5 1

Bm7(b5)
b7 b3 b5 1

Bº7
bb7 b3 b5 1

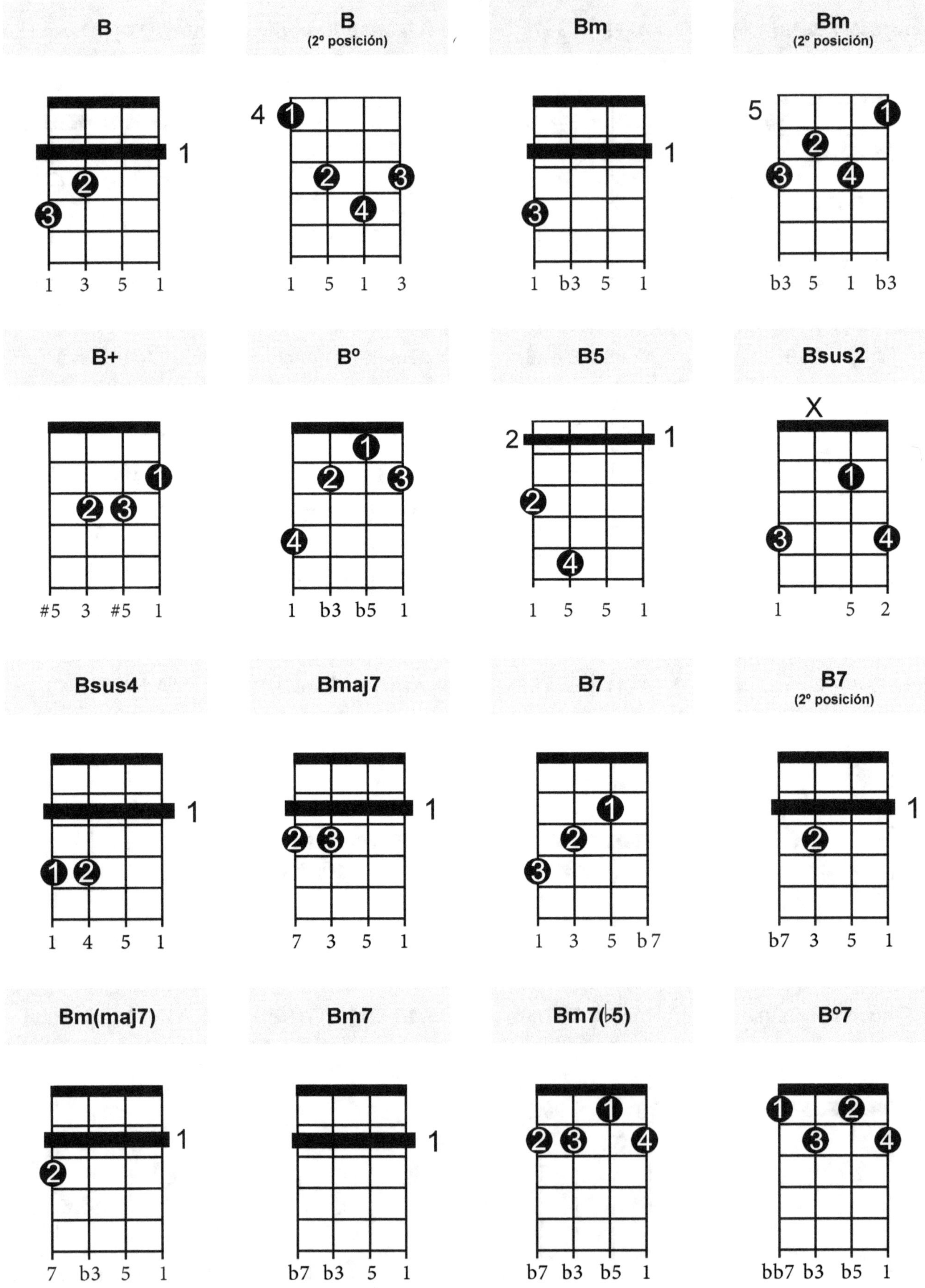

B

Bmaj7(#5)
1 3 #5 7

B+7
1
b7 3 #5 1

Badd9
1 3 5 9

Bm(add9)
1
1 b3 5 9

B6
6 3 5 1

Bm6
6 b3 5 1

Bmaj9
3
1 3 7 9

B9
1 3 b7 9

Bm9
1 b3 b7 9

B11
1 3 11 b7

Bm11
1
1 11 b7 b3

B13
1
b7 3 13 1

B7sus4
1
b7 4 5 1

B7(b5)
b7 3 b5 1

B7(b9)
1
1 3 b7 b9

B7(#9)
1 3 b7 #9

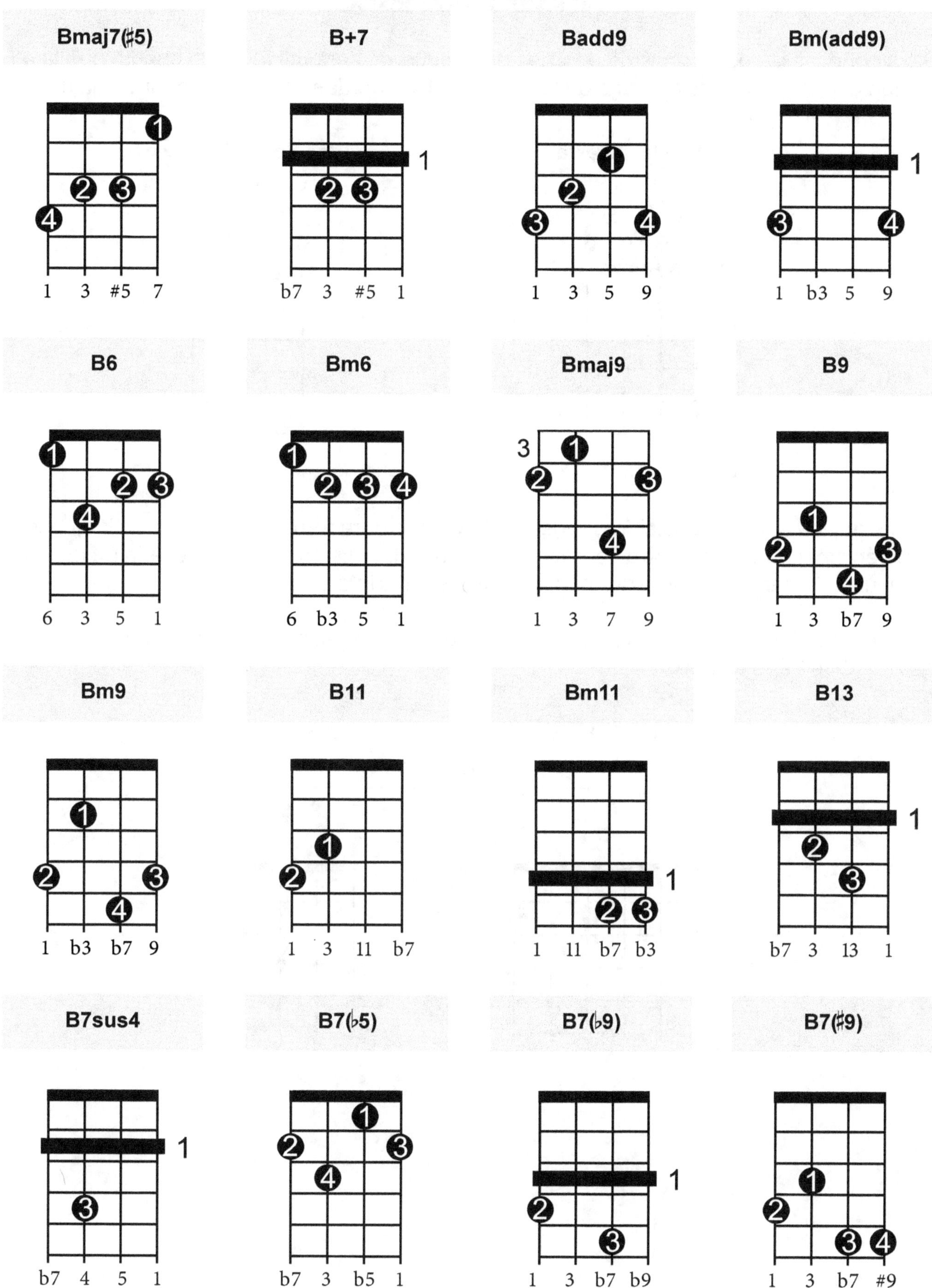

TIP PARA GUITARRISTAS

Si ya conoces las posiciones de acordes de la guitarra, será util tener en cuenta que la afinación de las 4 primeras cuerdas de la guitarra y las cuerdas del ukelele guardan la misma relación de intervalos.

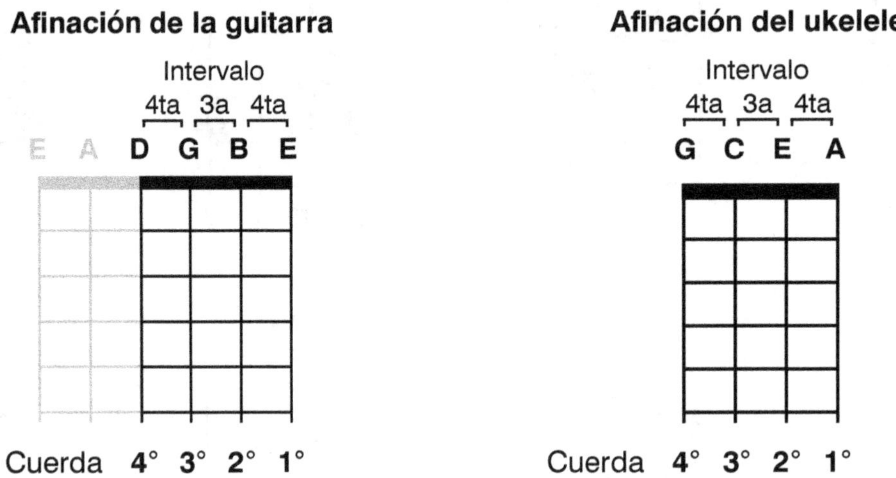

Esto significa que una posición dedos que nos sirve para formar un acorde en la guitarra, también sirve para formar otro acorde en el ukelele. La misma posicion llevada de la guitarra al ukelele dará por resultado un acorde transportado a una cuarta ascendente.

Por ejemplo: La posición del acorde de Re (D) en la guitarra, nos sirve para tocar el acorde de Sol (G) en el Ukelele:

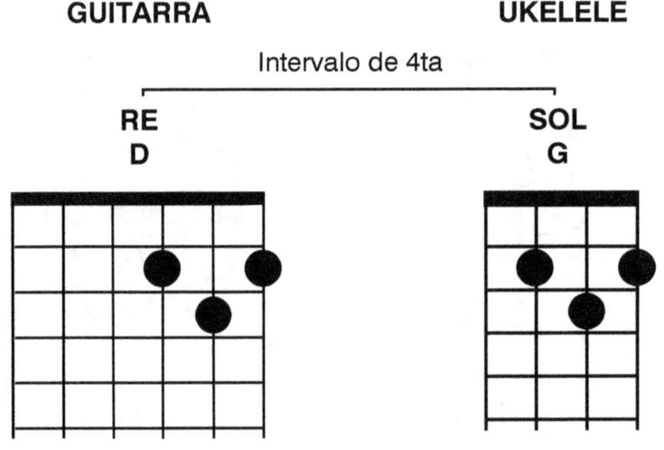